지금은 시를 읽을 시간

영시의 이해와 감상

한지희 지음

신아사

독자 여러분께

안녕하세요? 한지희 교수입니다.

제가 학교에 부임하여 여러분들에게 영시를 강의한 지도 벌써 십 년이 지났습니다. 그동안 저는 제가 좋아하는 영시에 대해 여러분들에게 조금이라도 더 많이 알려주고 싶고, 여러분들의 감상평을 들으며 영시 읽기의 즐거움을 나누고 싶어서 이런 저런 다양한 시도들을 해보았습니다. 그런데 그게 제가 상상했던 것만큼 잘 실현되지 않았었지요. 그럴 때마다 저는 '그 이유가 무엇일까'에 대해 곰곰이 생각해 보고, 여러분들의 의견들을 청취하는 기회를 가졌습니다. 그 결과, 저는 여러분들이 영시 읽기의 즐거움을 발견하지 못하는 이유에는 일종의 심리적 거부감 같은 것이 있다는 점을 깨닫게 되었습니다.

우선, 여러분들이 '시를 읽는다'는 행위 자체를 매우 생경하게 받아들인다는 점을 알게 되었습니다. 그것은 아마도 여러분들이 중·고등학교에서 시를 읽고, 스스로 해석해 보고, 시의 가상세계에서 시인과 대화를 나누는 법을 연습하기 보다는 시험을 위해 주어진 시를 읽고 그에 관련된 문제들을 풀고 하나의 정답을 찾아내는 훈련만을 해왔기 때문이라고 여겨집니다. 여러분들 대부분이 거의 6년간 시를 읽으면서 정답을 찾아내는 연습만 계속했고 그런 수업에 익숙해져 있는데, 제가 여러분들에게 시인의 메시지가 무엇인지 정답을 찾는 법을 가르쳐 주기는커녕 질문만 하였으니 여러분들은 내심 당혹스런 감정을 느꼈을 것 같습니다. 즉, 제가 여러분들에게 시를 읽으면서 어떤 디테일에 매력을 느꼈는지, 그런 이유는 무엇인지 생각해 보자라고 제안했을 때, 혹은, 시인이 제시하는 메시지에 공감을 하는지, 그런 이유는 무엇인지 의견을 말해 보자라고 제안했을 때, 여러분들은 '이건 무슨 상황이지?' 혹은 '아무 것도 모르겠는데?' 혹은 '어떤 디테일에도 매력을 느낄 수 없는데, 도대체 무슨 말을 하지?' 등등 그저 혼란스럽고 난감하다는 생각만 했을 것 같습니다.

두 번째로는 여러분들이 '영어로 쓰인 시를 읽는다'는 행위 자체에 대해 별로 흥미를 가지지 않는다는 점을 알게 되었습니다. 그 이유에 대해서 저는 아마도 여러분들이 아주 어렸을 때부터 모국어가 아닌 영어를 말하는 훈련을 하면서 이런저런 다양한 이유들로 인하여 영어로 쓰인 텍스트를 읽고, 해석하고, 말하는 것에 대해 자신감이 약화되었기 때문이 아닐까 하고 짐작해 봅니다. 그런 상태에서 대학에 입학하여 여러분이 영어로 쓰인 시를 읽고, 영어로 설명을 듣고, 60여명의 동료 학생들 앞에서 영어로 감상평을 말하고, 영시를 창작하는 과제를 해야 했으니, 영시를 읽는 즐거움을 발견하기는커녕, '영시를 읽는 영어 강의' 자체에 대해 더욱 부담감이 커지기만 했으리라고 여겨집니다.

이처럼 영시를 읽는 활동에 대해 여러분들이 가질 법한 심리적 거부감에 대해 짐작해 보면서 저는 제가 영시를 배웠던 학창시절을 떠올려 보게 되었습니다. 사실 저는 대학에 입학하여 첫 학기 때 *Sound and Sense*라는 제목의 얇은 원서를 가지고 처음 영시를 배웠습니다. (물론 영어 수업이 아니었지요.) 그때, 영시를 읽는 즐거움에 대해 조금 느낄 수 있었고, 이후 *Understanding Poetry*라는 원서를 가지고 제 스승님이셨던 이상섭 교수님께로부터 영시 읽기에 대해 조금 더 체계적으로 배우면서 영시를 전공하고 싶다는 생각을 가지게 되었습니다. 그러다가 언젠가 수업 시간에 교수님께서 '왜 우리나라엔 이런 책이 없을까?'라고 지나치듯 말씀하신 적이 있었는데, 그때, 저는 마음속으로 대답을 했었습니다, '예, 나중에 제가 써 볼게요' 라고요. 그리고 오랜 시간이 지나 지금에서야 비로소 그때 제 모습과 제가 품었던 작은 소망을 기억하면서, 그리고 지금 여러분들의 모습을 바라보면서 여러분들이 느끼는 부담감을 조금이라도 덜어주기를 바라는 마음으로 이 교재를 집필하게 되었습니다.

물론, 클리언스 브룩스가 집필한 뛰어난 원서에 비하자면 저의 책 『지금은 시를 읽을 시간: 영시의 이해와 감상』은 매우 단순한 입문서에 불과할 것입니다. 그래도 저는 나름대로 브룩스의 저서에서 영감을 받은 대로 이 교재를 구성하고, 여러분들이 입문자로서 영시를 읽는 즐거움을 느끼기 위해서 가장 필요하다고 생각되는 기초적인 지식을 담고자 시도하였습니다. 또한 저는 여러분들이 적어도 수업시간에 영어로 전달되는 지식을 모국어로 쓰인 책의 형태로 다시 한 번 확인할 수 있도록 하고, 나중에라도 시를 읽는 즐거움을 발견할 수 있도록 도움을 주려는 의도로 이 교재를 집필하였습니다. 그리고 이 교재의 내용에 대해 말씀드리자면, 저는 이 교재를 집필하면서 브룩스의 저서, 그리고, 온라인 문학 용어 사전들, 그리고 Poetry Foundation Online과 Modern American Poetry Online의 해석들 그리고 애덤 브래들리의 저서를 참조로 하였습니다. 영시들 원문 텍스트들은 대부분 19세기와 20세기 초 작품들로서 Project Gutenberg Online, Poetry Foundation Online, Academy of American Poets Online에서 인용하였습니다. 대부분의 영시는 여러분들이 스스로 해석할 수 있도록 한글 번역을 부기하지 않았고, 또한, 외국인 학생들을 고려하여 몇 개의 중요한 지식에 한하여 온라인 사전들에서 발췌하여 수정 보완한 간략한 영어 요약본을 추가하기도 하였습니다. 교재의 용도로 이 책을 집필하였기에, 참조 사항을 일일이 기록하거나 목록을 만들지는 않았습니다.

지금으로부터 약 30년 쯤 전 영시에 대해 아무 것도 모르던 제가 그저 교수님이 스치듯 건네신 단순한 한 마디에 영시 감상에 관한 책을 써보겠다는 작은 소망을 가질 수 있었던 것처럼, 저는 여러분들 중 누군가도 이 교재를 읽으면서 영시 읽기의 즐거움을 발견하거나, 시에 대한 책을 쓰거나, 시를 창작하거나 등등 무엇이든 나름대로 소망을 가질 수 있기를 바랍니다. 그리고 그 소망을 소중하게 간직하고 잘 보듬어서 나중에 여러분들의 학창시절을 기억할 수 있는 결실로 맺을 수 있기를 진심으로 바랍니다.

2018년 12월

나의 20대를 기억하며

목차

지금은 시를 읽을 시간

영시의 이해와 감상

제 1장
시란 무엇일까?

1. 시의 정의

시란 무엇일까? 클리언스 브룩스(Cleanth Brooks)는 『시 이해하기』(*Understanding Poetry*)에서 "시란 일종의 말하는 방법"(a way of saying)이라고 아주 평범하게 정의하였다. 아마도 시의 정의에 대해 고민하면서 브룩스는 '시'라는 것이 대중들에게 거리감이 느껴지는 고급 예술의 한 장르로 여겨지고, 시인 역시 평범한 평범한 사람들의 수준을 뛰어넘는 감수성과 지적 통찰력 그리고 탁월한 언어적 표현력을 지닌 사람으로 존경받는 일반적인 선입견을 고려하였던 것 같다. 그래서 독자들로 하여금 '시를 감상하는 것은 어렵다' 혹은 '시 창작은 아무나 할 수 있는 것이 아니다'라는 선입견을 조금이라도 지우고 독자들이 자신이 설명하는 시 감상 방법에 대해 보다 공감하며 따라올 수 있도록 그런 식으로 평범하게 정의를 내렸던 것 같다. 필자 역시 브룩스가 건네준 '말하는 방법'으로서의 '시'라는 정의에 퍽이나 공감하는 데, 그 이유는 모든 인간은 생존을 위해 3대 기본 욕구 (식욕, 수면욕, 성욕)를 가질 뿐만 아니라 추가로 '표현욕'을 지니고 있다고 생각하기 때문이다.

다시 말해서, 우리는 누구나 자신의 마음속에 뭔가 —가족이나 연인 등등 사랑하는 대상에 대한 감정이든, 세상사에 대한 견해이든, 종교적인 각성이든 — 말로 표현하지 않으면 안 될 것처럼 느껴지는 생각을 가질 때가 있다. 혹은, 가슴 속에서 주체하지 못할 정도로 차오르는 기쁨이나 목구멍을 뜨거운 불덩이로 지지는 것처럼 느껴지는 슬픔이나 머리가 하얗게 되고 현기증이 나서 어지러울 정도로 만드는 분노나 얼굴이 벌개 질 정도로 달아오르고 눈에서 레이저가 뿜어져 나오는 듯한 미움의 감정에 휘둘려서 도저히 통제할 수 없을 것처럼 느낄 때가 있다. 그럴 때면, 우리는 여러 가지 매체와 다양한 표현 방법을 사용하여 자신이 통제할 수 없는 감정들을 표출하고, 그 순간을 어떻게든 구체적으로 표현하여 시간의 기억 속에 남기려는 욕구를 가지곤 한다. 이미 19세기 영국 시인 윌리엄 워즈워드는 그러한 인간적인 욕구, 즉, 격렬한 감정의 표현 혹은 용솟음치는 감정의 해소 욕구에 대해 사유하며 "시란 강력한 감정들이 저절로 넘쳐흐른 것이다"(Poetry is the spontaneous overflow of powerful feelings)라고 정의했던 바가 있었다. 워즈워드의 정의는 21세기 인공지능의 시대를 살아가는 우리들에게 여전히 유효한 바, 아무리 로봇이 인간이 직접 하던 소소한 업무들을 대신해 주거나 심지어는 스스로 글을 쓰고 그림을 그릴 수 있는 시대가 되었어도, 인간 개개인은 여전히 어떤 특정한 외부적 상황, 강렬한 순간, 시선을 잡아끄는 대상이나 광경이 자신의 심금을 상당한 정도로 건드리고 어떤 강렬한 감정을 일으킬 때, 누구라 할 것 없이 사진을 찍거나, 그림을 그리거나, 노래를 부르거나, 춤을 추거나, 일기를 쓰거나, 하다못해 짧은 글귀라도 적어서 그때 그 순간의 '나'를 기억하고자 하는 작지만 소중한 욕구를 충족시키며 살아가고 있기 때문이다. 이처럼 강렬한 표현욕을 지니고 있기에 인간이 생존 본능에만 충실하여 살아가는 동물들과 달리 사회를 이루고, 문화를 만들어 문명을 발전시키며 진화해왔을 지도 모른다.

'시'를 인간의 기본적인 생존 의지, 표현욕구, 그리고 사회문화와 불가분의 관계를 가지는 것으로 이해할 때, 필자는 독자들이 비로소 '시'를 보통 사람들이 세상에서 살아가는 데 '그다지 필요하지 않은 것' 혹은 '쓸모없는 것'이라고 여기는 선입견에서 벗어날 수 있을 것으로 생각한다. 즉, 인간은 독립적인 개체적 생명체이지만 결코 홀로 존재하지 않고 사회집단을 이루어 '인간 세상'에서 살고 있으며, 그런 현실 속에서 자신의 생각과 감정을 다른 인간 개체들 혹은 인간 세상을 향해 언어로 표현하여 '내가 여기 있어'라는 존재성의 신호를 울리고 있어야 한다는 것이다. 물론 그가 내보낸 언어적 신호가 그 어디에서도 수신되지 않고 공중에서 흩어져 버리거나 사라져 버릴 수도 있지만, 누군가에게라도 수신된다면 그는 그 수신자와 연결되고 공감을 얻음으로써 생물학적 생존을 보호받고 더불어 사회적 생존을 유지해 나가는 데 도움을 받을 수 있을 것이다. 이런 맥락에서 필자는 '말하는 방식'으로서 '시'를 정의하는 것은 '시'를 창작하고 감상하는 활동을 인간이 생존하기 위해서 아주 기본적이고 필수적인 사회적 활동으로 제시하는 것일 뿐만 아니라 '시'를 인간이 자신의 가장 인간다운 모습을 표현하고 소통할 수 있는 창의적인 방식으로서 제안하는 것이라고 생각한다.

하지만, 필자가 이처럼 '시'를 인간의 생물학적, 사회적 생존의 차원에서 필수적인 소통의 방식이라고 설명하여도 대부분의 독자들은 여전히 '시'에 대해서 '어려운데' 혹은 '이해할 수 없는데'라고 생각하며 고개를 갸우뚱하거나, 시인이 구사하는 '말하기 방식'의 효용성에 대해 의구심을 가질 수 있다. 그들에게 필자는 시인을 사회적 언어를 활용하는 분야의 전문직 종사자로서 상상해 볼 것을 제안하고 싶다. 즉, 인간이 어떤 하나의 집단에 소속된 구성원으로서 사회적으로 약속된 특정한 언어를 사용하는 이상, 누구든지 창의적으로 말하는 방식을 터득하고 다른 사람들과 감각적으로 소통할 수 있는 시인의 자질을 기본적으로 가지고 있다. 다만, 우리가 '시인'이라고 부르는 전문가는 시를 써서 말하는 방식, 즉, 시적 소통방식에 관련된 기본적인 지식을 배우고, 거장 시인들의 시를 읽고, 그들의 기법들을 익히고, 모방하며, 오랜 기간 습작해보는 수련의 기간을 거친 끝에 자신에게 가장 편하게 여겨지는 말하기 방식을 터득한 뒤, 그 방식을 나날이 발전시켜 자신의 개성을 담은 언어 스타일 혹은 문체를 고안해 낸 사람에 해당할 뿐이다.

이러한 차이는 일반인과 전문 요리사 사이에 존재하는 차이를 생각해 보면 금방 이해가 될 수 있는 바, 어떤 요리의 레시피가 주어진다면, 누구나 그 순서에 따라서 요리를 만들어 낼 수 있다. 하지만, 일반인과 전문 요리사가 만든 요리의 그 맛과 형태에 미묘한 차이가 생기는 이유는 왜일까? 전문 요리사는 자신이 좋아하는 요리 분야를 정하고, 연습생 신분으로 재료 구입처, 재료 손질법을 배우고, 차차

육수나 양념을 사용하는 방법을 변형하거나 다양하게 활용하는 연습을 반복하고, 그런 오랜 연습 끝에 결국 자신만의 손맛과 깊은 맛을 내는 방법을 터득하고, 또, 그 이후로도, 자신의 요리를 적절한 그릇에 아름답게 담아 근사하게 내놓는 연출 감각까지 터득하기 위해 상당히 긴 세월의 고민과 연습과 성장 과정을 거친 전문직 종사자이기 때문일 것이다. 마찬가지로, 시인 역시 보통 사람들보다 더 많은 시간과 노력을 '시로 말하는 방식'을 터득하는 데 투자하여, 자신의 언어적 감각과 지적 감수성을 계발하고, 자신의 생각과 감정과 사유과정을 딱 알맞게 버무려 표현하는 방법을 수련하고, 적절한 형태의 시 그릇에 담아 차려놓는 방법까지 터득한 전문가에 해당한다. 그래서 시인은 자신이 정성껏 만든 '시 요리'를 독자들에게 제공하여 그들이 그것을 천천히 음미하고, 소화하고, 공감하는 가운데 그들 자신의 생각의 폭과 감정의 깊이를 이전보다 확장할 수 있도록, 그래서, 그들이 인간다움과 생존의 본능적 욕망을 보다 건강하게 유지할 수 있도록 하는 작업에 열정적으로 그의 피, 땀, 눈물을 바치곤 한다. 그러므로 필자는 독자들이 전문 요리사가 정성껏 요리하여 내놓은 음식을 대할 때, 아무리 생소한 요리일지라도, 일단 그가 선택한 식재료, 조리 방법, 최종 플레이팅 전 과정에 관심을 기울이고 천천히 맛을 음미하듯이, 시인이 정성껏 창작한 시를 감상할 때에도, 무조건 '어렵다'고 고개를 돌리지 말고, 독자로서 호기심과 설레임 그리고, 가장 중요하게, 인내심을 가지고 시인이 말하는 방식을 탐구하고 음미해 보려고 노력해 보기를 바란다.

2. 시인의 역할

그렇다면 이제, 시인의 역할에 대해서 영미 시인들이 썼던 산문들을 읽어 보면서 그들이 가졌던 생각들을 조금 더 깊이 살펴보자. 앞서 언급했던 19세기 영국시인 워즈워드는 『서정담시집』(Lyrical Ballads)을 출간하면서 서문에 시인이란 "[일상어로] 사람들에게 말을 거는 사람"(man speaking to men)이라고 정의하고, 시인이 평범한 일반 대중들의 생각과 감정들을 대변하는 역할을 맡아야 한다는 점을 강조하였다.

> "What is a Poet? He is **a man speaking to men**: a man, it is true, endowed with **more lively sensibility, more enthusiasm and tenderness, who has a greater knowledge of human nature, and a more comprehensive soul**, than are supposed to be common among mankind; a man pleased with his own passions and volitions, and who rejoices more than other men in the spirit of life that is in him; delighting to contemplate similar volitions and passions as manifested in the goings-on of the universe, and habitually impelled to create them where he does not find them."[1]

워즈워드는 하루 대부분의 시간을 노동 현장에서 보내는 일반 서민 대중들과 달리, 시인은 충분한 시간적 여유를 가지고 책을 많

---

1) 『서정담시집』 서문에서 인용함. Samuel T. Coleridge and William Wordsworth, *Lyrical Ballads: 1798 and 1800*. ed. Michael Gammer and Dahlia Porter (Ontario: Broadview, 2008), p. 420.

이 읽고 사유할 수 있는 특권을 부여받은 존재라고 보았다. 그러므로 시인은 인간의 본성에 대해 보다 많은 지식을 가질 수 있고, 다양한 인간들의 심리와 감정들에 대해 궁리를 할 수 있으며, 보다 넓고 깊은 영적인 공감력을 계발할 수 있다고 보았던 것이다. 뿐만 아니라 시인은 타고 난 기질 자체로 보아 감성이 풍부하고 예민할 뿐만 아니라, 후천적으로도 인간의 정신과 심리에 대한 호기심과 사색에 열정과 의지를 보이는 성향이 있다고 여겼다. 그렇기 때문에 워즈워드는 시인이라면 자신이 부여받은 특권과 사유의 능력과 언어적 재능을 활용하여 일반 서민 대중들을 계몽하는 지도자-지식인의 역할을 당연히 맡아야 한다고 여겼다. 즉, 육체노동을 하면서 혹은 사무행정을 하면서 자신의 영혼이나 마음 상태를 돌볼 시간이 부족한 대중들의 영혼을 위로하고 치유해 주거나 그들의 마음에 활기를 불어넣어 조금 더 자의식을 가지고 세상을 살아갈 수 있도록 이끌어 주는 지식인의 역할을 담당해야 한다고 여겼던 것이다.

워즈워드보다 조금 후기에 활동했던 19세기 미국의 사상가겸 시인 랠프 왈도 에머슨(Ralph Waldo Emerson) 역시 「시인」(The Poet)이라는 산문에서 워즈워드와 비슷한 사유를 펼쳤다. 에머슨 역시 시인을 한 사회의 대변자라고 정의하면서, 일반 대중들은 '반은 생각, 반은 표현'으로 가득한 존재들이지만 시인은 자신이 사색한 바를 적절하게 표현할 수 있는 언어 능력을 숙달시킨 '완전한' 존재에 해당한다고 주장하였다.

> The breadth of the problem is great, for **the poet is representative. He stands among partial men for the complete man**, and apprises us not of his wealth, but of the commonwealth. The young man reveres men of genius, because, to speak truly, they are more himself than he is. They receive of the soul as he also receives, but they more. Nature enhances her beauty, to the eye of loving men, from their belief that the poet is beholding her shows at the same time. He is isolated among his contemporaries, by truth and by his art, but with this consolation in his pursuits, that they will draw all men sooner or later. For all men live by truth, and stand in need of expression. In love, in art, in avarice, in politics, in labor, in games, we study to utter our painful secret. **The man is only half himself, the other half is his expression**. (「시인」(The Poet), 필자의 강조)[2]

그가 보기에 인간은 누구나 '진정한 것'(the true), '선한 것'(the good), '아름다운 것'(the beautiful)을 추구하는 욕망을 가지고 있는데, 문제는 일반 대중들이 대부분의 시간을 생업에 종사하며 보내야 하는 생활현실에 놓여 있는 탓에 그러한 욕망과 그들 자신의 감정과 생각을 유기적으로 연결하여 표현하는 방법을 배우고 지속적으로 발전시키기가 힘들다는 것이다. 반면, 일반 대중들과 달리, 시인은 자연에 대한 관찰을 깊이 있게 할 수 있는 시간적 여유가 있고, 자연과 물아일체의 감흥을 가질 수 있을 만큼 감수성이 풍부하며, 그때의 감흥과 언어적 표현 사이를 연결 고리를 빨리 파악하는 인지 감각적 소

2) Ralph Waldo Emerson, "The Poet" Online Text. www.poetryfoundation.org/articles/69389/from-the-poet

양과 표현 비법들을 지속적으로 계발하고 숙달할 수 있다. 그러므로 에머슨은 진정한 시인이라면 그의 재능을 살려서 누구나 가질 수 있고, 공감할 수 있는 감정과 생각 그리고 표현 방식을 완벽히 조화시킨 시 작품을 창작하고 그것을 통해서 독자 대중들에게 인생의 진리, 인간의 아름다움, 신의 선한 섭리에 대한 감사를 깨우칠 수 있는 기회를 제공하는 역할을 맡아야 한다고 제시하였던 것이다. 생계를 위한 노동을 하느라 지치고, 일상생활에서 사색을 즐길 시간적, 정신적 여유가 없어서 그저 말초적 감각을 자극받고 쾌락 중추를 만족시킬 수 있는 단순한 오락을 추구하는 일반 서민 독자들이 잠깐이라도 시인과 함께 사색하는 기회를 가지고 인간과 세상사에 대한 진, 선, 미에 대한 감성을 다시 자극받고 그 과정에서 그들이 각자의 인생에 대해 다시 한 번 생각해 보는 기회를 가질 수 있게 한다면 그것으로서 최선이며, 그보다 더 유용하고, 더 가치있는 시인의 역할은 없을 것이라고 보았던 것이다. 아마도 에머슨은 이러한 시적 소통의 과정을 통해 일반 독자들이 인간으로서 지니고 있는 기본적인 표현 욕망을 해소하고 정서적으로 만족감을 누리는 가운데 각자의 인간다움을 확인할 수 있을 뿐만 아니라, 더 나은 삶에 대한 희망과 더 좋은 삶에 대한 소망을 키우며 다시 생업 현장으로 돌아가 살아갈 수 있을 것이라고 전망하였던 것 같다. 그래서인지 에머슨은 시인을 마치 정치가나 종교 지도자처럼 일반인들을 인도하는 공적인 역할을 담당하는 문화적 영웅으로 격상시켰으며, 한 걸음 더 나아가, 사회적 통념과 매너리즘을 깨트리고 구성원들의 영혼을 관습의 속박에서 해방해 주는 신과 같은 역할을 하는 존재(the liberating god)라고까지 주장하였다.

하지만 시간이 흘러, 20세기에 접어들면서 과학과 기술이 점차 발전하고, 농업경제에서 산업경제로 경제활동의 체제가 변화함에 따라 공업화, 도시화가 진행되면서 영국과 미국 사회에서는 자연과 인간의 분리 및 유산 계층과 노동자 계층의 분리가 가속화 되었고 시민 공동체의 의식은 오히려 점점 희미해졌다. 이러한 전반적인 사회 환경과 인간 관계의 변화상들에 민감하게 반응하며, 미국 시인 프로스트(Robert Frost)와 영국 시인 엘리엇(T. S. Eliot)은 19세기 선배들과는 다른 뉘앙스로 시와 시인의 역할을 정의하였다. 프로스트는 인터뷰를 할 때마다 '시가 무엇인지 정의해 달라'는 요청이 반복되자 일일이 새로운 답을 주기에 지쳤던지, 어느 날 "시란 시인이 쓰는 어떤 것"(the kind of thing poets write)이라고 단순하게 정의하였다. 물론 그는 농담 반, 진담 반으로 '시'란 시인이라는 전문 직업인이 언어를 사용하는 방법과 기술을 배운 뒤 창작한 결과물이라고 의미한 것이었지만, 그의 입장을 따른다면, 시인의 직업은 창작에 시간과 노력을 많이 들여야 하기 때문에 보통 사람들이 선호할 만한 직업이 아닌 것이 된다. 게다가, '시'는 그런 어렵고 특별한 말하기 방식으로 창작한 결과물이므로 '시'를 이해하려면 독자들 역시 시간과 노력을 많이 들여야 하니까 차라리 '시'에 관심을 가지지 않는 편이 낳겠다는 식의 포기를 유발하게 하는 어떤 것이 된다. 한술 더 떠서, 엘리엇은 시의 창작을 위해서 시인은 인간 본성에 대한 기본적인 교양 지식을 습득하고 있어야 한다는 점을 요지로 삼는 말을 하기도 하였다.

Poetry is not a turning loose of emotion, but **an escape from**

> **emotion**; it is not the expression of personality, but **an escape from personality**. But, of course, only those who have personality and emotions know what it means to want to escape from these things. (「전통과 개인의 재능」(Tradition and the Individual Talent), 필자의 강조)

물론 프로스트와 엘리엇의 정의는 20세기 초 기계중심의 새로운 문명사회가 도래하면서 전통적인 공동체적 삶의 양식이 쇠락하고 문화적 영웅 혹은 정신적 지도자로서 추앙받던 시인의 중요성이 사라진 시대를 맞이하여 그들이 지식인으로 가지게 된 회의감을 반영하고 있다는 점을 잊지 말아야 한다. 즉, 공업화, 도시화로 인하여 계절의 변화를 보여주던 자연의 녹지 공간이 사라지고 농업 생산자들이 공장 노동자들로 혹은 도시 빈민들로 격하되면서, 현대 시인들은 인간과 자연의 물아일체적 경험과 그것을 통한 평화와 안식의 회복을 강조하는 전통적인 시적 메시지가 기계문명 시대를 반영하지 못한다는 점을 깨닫고 있었다. 설상가상으로, 라디오나 영화와 같은 새로운 대중 매체의 등장으로 시 예술은 일반 대중들의 관심에서 점점 멀어져 갔고, 시인들 역시 새로운 매체들의 광범위한 대중적 영향력에 맞서서 시 예술의 전통적인 문화적 영향력을 유지하기가 어려워졌다. 그에 따라 현대 시인들은 문화적 영웅으로서 대중들의 의견을 이끌어가는 역할을 유지하는 것이 불가능하게 되었으며, 시 역시 소수의 교양있는 독자층에게만 호소력을 지니는 고급 예술로 고립되어 갔다.

하지만, 이제 과학과 기술이 한 단계 더 발전하여 인공지능이 인간과 사물을 매개하게 된 21세기를 맞이하여, 역설적으로, 시인과 일반 독자대중들은 과거 그 어느 때보다 더 쉽고, 더 빠르고, 더 편리하게 서로 소통할 수 있는 새로운 기계문명 시대에 진입하게 되었다. 21세기 초연결시대에 진입한 우리들은 원하든, 원하지 않든, 의도하든, 의도하지 않든, 모두가 주변의 모든 사물들에 연결되고 개인의 사적 정보가 공개적으로 감찰되는 인터넷의 시대에 실제 현실과 가상현실이 혼종적으로 연결되고 끊어지는 다중 세상에서 살아가게 된 것이다. 그렇기에, 이제 계층과 성별에 상관없이 그 누구나 인터넷 연결망에 접속하여 언어적 신호를 내보내고 수신하는 순간 네티즌 자격으로 아주 쉽거나, 아주 어렵거나, 아주 평범하거나, 아주 특별하거나, 어떤 방식으로든지 다른 누군가와 접속할 수 있게 되었다. 이런 시대를 맞이하여 필자는 '시'를 '말하는 방식' 이자 사회적 소통의 한 가지 방식으로 접근하는 것은 무엇보다 적절하다고 여겨지며, 더불어, 시인이 21세기 네티즌들의 고독한 영혼과 메마른 감성을 일깨우는 치유자의 역할 그리고 그들에게 문명 공동체 의식을 다시 심어주는 공적 지도자의 역할을 하는 것이 매우 필요하다고 생각된다. 어떤 이름 모를 크로마뇽인이 동굴에 자신이 사냥한 동물의 그림을 그리고 뿌듯해 했던 순간처럼, 21세기 네티즌들도 인스타그램에, 페이스북에, 트위터에 사진 이미지를 남기며, 좋아요/ 싫어요 아이콘을 누르며, 초성만을 사용하여 소통하며, 타인들에게 희로애락의 감정을 표현하고 사회적 활동을 하고 있으니 말이다. 그러면서도 역설적으로 그들은 천 개가 넘는 지인들 중 단 한명과도 영혼의 교감을 형성하지 못하고 홀로 가상의 고독방에 침잠하여 스스로의 영혼을 고립시키고 시들어 버리게 내버려 두고 있으니 말이다.

참으로 신기하다. 20세기 일반 대중들에게 쓸모없는 것으로 여겨지며 쇠락의 길을 걸었던 예술이 한 세기가 지나고 21세기가 되어 다시 한 번 그들의 세상 속으로 들어와 '시로 말하는 방식'의 효용성을 증명하고 있으니 말이다. 이런 맥락에서 필자는 인류의 문명이 시작된 이래로 '시'가 인간의 생존과 불가분의 관계를 가지며 함께 발전하고 있다는 점을 다시 한 번 피부로 체감하며, 현재의 시대를 '시의 시대'라고 부르고 싶다. 더불어 일반 대중들이, 특히 청년들이 시로 말하는 방식을 습득하고 활용하여 21세기 인공지능의 시대에 '인간적'인 공감과 유대감을 보다 강화할 수 있기를 바란다.

3. 시의 감상

자, 그렇다면, 이제 '시로 말하는 방식'에 익숙해지고, 시를 감상하고, 나아가 직접 창작을 해 보기 까지 무엇을 해야 할까? 이 질문에 대해 그 누구도 확실하게 답을 줄 수는 없을 테지만, 필자는 한 가지를 말하고 싶다. 시는 매우 평범한 사람이든 전문 시인이 되고자 수련을 하고 있는 사람이든 누구나 제 맘대로, 제 각기 감성에 따라 만들어내는 창작 표현물이니 그저 자유롭게 감상해 보라는 점이다. 마치 우리가 산 정상에 올라가 숨을 헐떡거릴 때 마침 불어오는 시원한 바람 때문에 신선한 공기의 가치를 새롭게 느낄 수 있으며, 무더위가 기승을 부리는 어느 여름 날 냉장고에서 꺼낸 차가운 맹물을 마실 때 청량한 물의 가치를 비로소 깨닫게 되듯이, 시인이 전달하는 정서나 인생에 대한 사유의 메시지는 독자들 각 개인이 자신의 현 상황에서 가장 절실한 욕구에 따라 다르게 감상이 될 수 있을 것이다. 즉, 한 편의 시를 읽으면서도 어떤 사람은 하나의 시행, 시어, 혹은 심상에 마음을 사로잡히는 경험을 할 것이고, 다른 사람은 전체적인 형식미에 끌리거나 사유의 과정에 침잠할 수 있으므로, 시가 주는 메시지나 시의 가치가 절대적으로 결정될 수 없다는 말이다. 다만, 시인이 말하는 방식이 산문 작가가 말하는 방식과는 달리 매우 함축적일 뿐만 아니라 다양한 심상이나 수사적 기법을 사용하는 경우가 대부분이기에, 독자로서 시를 읽고 감상할 때 매우 중요한 한 가지 마음가짐을 가질 필요가 있기는 하다.

그것은 다름이 아니라, 사무엘 콜리지(Samuel Coleridge)가 "불신의 자발적 유보"(willing suspension of disbelief)라고 설명했던 태도, 즉, 창작자가 전달하는 시적 진술에 대해 진위를 파악하려는 의구심을 일단 유보하고 그의 말을 우선 경청하고 그의 사유를 존중해 주는 마음가짐이다. 가령, 일상생활을 예로 들자면, 우리들은 새로 출시되는 특별한 상품을 사기 위해 전날부터 매장 앞에서 줄을 서서 밤을 새고, 신제품의 포장을 뜯으며 마음을 설레어 하고, 신제품의 사용법을 익히기 위해 인내심을 가지고 설명서를 읽는다든지 이런 저런 준비를 하는 것을 마다하지 않는다. 그렇다면, 시작품을 대할 때에도 시인이 말하는 방식에 익숙해지고, 그의 감정과 메시지에 공감하며, 최대한의 정서적 만족감을 얻기 위해서 독자 편에서 이런 저런 노력을 준비할 필요가 있지 않을까. 비록 시인의 말이 다소 낯설고 멀고 어렵게 느껴지더라도, 시인의 표현 방식에 집중하여 적극적으로 상상력을 발휘하고, 그가 제시하는 물상들과 그가 나누려는 감정들에 공감해 주려는 마음을 가지는 것처럼 말이다. 가령, 아치발트 맥리쉬(Archibald MacLeish)가 「시의 기법」(Ars Poetica)에서 제시하듯이, 독자들은 그저 수동적으로 시인이 알아서 그들이 이해하기 쉽게 가공된 '정서'를 일반 상품처럼 눈앞에 '딱' 가져다 줄 것이라고 기대하지 말고, 오히려 적극적으로 상상력을 발휘하여 시인이 들어와 보라고 초청하는 가상의 세계로 뛰어들려는 태도를 가질 필요가 있다. 시인이 이런 저런 설명 없이 함축적으로 보여주는 것들을 마음의 눈으로 보고, 만지고, 체험하는 적극적인 감상한다면, 독자들은 분명히 비싼 물건이 채워줄 수 없는 정신적 만족감을 느끼게 될 것이기 때문이다.

A poem should be palpable[3] and mute
As a globed fruit,

Dumb
As old medallions[4] to the thumb,

Silent as the sleeve-worn stone
Of casement[5] ledges[6] where the moss has grown--

A poem should be wordless
As the flight of birds.

---

3) obvious, intense and easily noticed

4) a round metal disc which some people wear as an ornament, especially on a chain round their neck

5) a window that opens by means of hinges, usually at the side

6) a piece of flat rock

A poem should be motionless in time
As the moon climbs,

Leaving, as the moon releases
Twig by twig the night-entangled trees

Leaving, as the moon behind the winter leaves,
Memory by memory the mind--

A poem should be motionless in time
As the moon climbs.

A poem should be equal to:
Not true.

For all the history of grief
An empty doorway and a maple leaf.

For love
The leaning grasses and two lights above the sea--

A poem should not mean
But be.

이 시의 제목은 호라티우스(Horatius)의 시학을 연상시키는 라틴어 **Ars Poetica**이자 우리말로 "시의 기법"이다. 맥리쉬는 추상적인 시론(詩論)을 소재로 삼아 그것에 대해 독자들에게 장황하게 설득하기보다, 오히려 여러 가지 수사적 기법을 사용하여 두 줄 시행(couplet)으로 이루어진 시 한편을 창작하였다. 그리고 각각의 연 마다 '시의 기법'과 관련된 다양한 측면을 함축적으로 제시한 뒤 독자들로 하여금 각각의 측면을 구체적으로 보고, 만지고, 읽고, 감상하며, 체험을 통해 깨달음을 얻도록 인도하였다. '시'는 시인이 일방적으로 독자들에게 말하는 방식이 아니라 쌍방의 교감을 목적으로 하는 말하기 방식이라고 여겼기 때문이었다. 가령, 맥리쉬는 첫 연부터 마지막 연까지 시인이 어떤 철학적 성찰 혹은 인생의 진리에 대해 설명하려들지 말아야 한다고 거듭해서 강조하고 있다. 그 대신, 시인은 사람들이 박람회에 견학 갔을 때 마음을 열고 신기한 물건들을 흥미 있게 바라보고, 만져보며 체험해 볼 수 있는 것처럼, 시의 가상세계에 존재하는 각각의 세부 사항들을 구체적으로 제시하여 독자들의 온 감각을 이끌 수 있도록 신경을 써야 한다는 메시지를 다양한 비유적 표현들을 통해 간접적으로 제시하고 있다.

하지만, 맥리쉬의 제안에도 불구하고, 독자들은 여전히 시를 감상하는 것이 어렵다고, 혹은 시인이 무슨 말을 하는지 혹은 어떤 감정을 전달하고자 하는지 모르겠다고 토로할 수 있다. 특히 영어로 쓰인 시를 이해하고 감상하는 것은 더욱 어렵다고 느낄 수 있다. 가령, 맥리쉬의 시 첫째 연에서 독자들에게 익숙지 않은 영어 단어 "palpable" 나오면 그들은 곧장 '영시가 어렵다, 단어를 찾는 것이 귀찮다, 함축된 의미를 모르겠다'라는 반응을 할 수 있다. 그리고 시인이 창작해 둔 가상 세계로 들어가 보려고 시도하거나 상상력을 발휘하여 그곳에 존재하는 구체적 물상들을 체험해 보려는 작업 자체를 포기할 수도 있다. 그런 마음이 드는 독자들을 위해, 필자는 맥리쉬 시의 마지막 두 줄, 즉, "시는 [무엇을] 의미하게 아니다/ 그저 존재하는 것이다"에 담긴 시인의 격려와 응원을 전해주고 싶다. 시인으로서 그는 독자들에게 잔잔한 미소를 짓고, 시에 사용된 여러 가지 심상들, 즉, 둥근 형체의 과일, 오래된 메달, 이끼 낀 석조 창틀, 새들이 비행하는 모습, 달이 떠오르는 모습, 겨울나무, 텅 빈 현관, 단풍잎, 누운 잔디, 바다 위 불빛 등등, 이 모든 물상들은 시의 가상 세계를 이루는 일부분으로 그저 "있는" 것이니까, 독자들이 마음에 드는 한 가지라도 선택해서 그들의 오감으로 그것을 체험하면 충분하다고 격려해 주고 있기 때문이다. 더불어, '시'가 보여주는 세계는 언어를 매개체로 삼고 있기 때문에, 처음 시를 읽고 상상력을 발휘하여 가상세계를 체험해 본 뒤, 다음에 다시 그 시를 읽어보고 다시 그 시의 가상세계를 경험해 보고, 계속 자유롭게 탐색하고, 만져하고, 체험해 보면서 천천히 시인과 소통하기를 바라는 마음도 전달하기 때문이다.

맥리쉬 이외에도 다음의 시인들 역시 언어를 매개로 시 속에 가상세계를 지으면서 독자들의 상상력과 인지 감각을 자극하기 위해 어떤 부분에 가장 초점을 두었는지를 나름대로 밝혀 두었다.

1) the art of uniting pleasure with truth by calling imagination to the help of reason — Samuel Johnson

2) the best words in the best order
--Samuel Taylor Coleridge

3) the record of the best and happiest moments of the happiest and best minds --Percy Bysshe Shelley

4) musical Thought
--Thomas Carlyle

5) at bottom a criticism of life
--Matthew Arnold

6) If I read a book and it makes my whole body so cold no fire can ever warm me, I know that is poetry. If I feel physically as if the top of my head were taken off, I know that it is poetry. Is there any other way? --Emily Dickinson

7) I would define, in brief, the poetry of words as the rhythmical creation of Beauty. --Edgar Allan Poe

8) a revelation in words by means of the words
--Wallace Stevens

9) not the assertion that something is true, but the making of that truth more fully real to us
--T. S. Eliot

10) the body of linguistic constructions that men usually refer to as poems
--J. C. Cunningham

11) the clear expression of mixed feelings
--W. H. Auden

특히 존슨이 주장하듯이 "즐거움과 진실을 결합하는 기술"이든지, 콜리지가 제시한 "최선의 순서로 최선의 단어들"을 배열하는 방식이라든지, 칼라일이 철학적으로 주장하는 "음악을 입은 사상"의 방식이라든지, 디킨슨이 감각적으로 전달하듯 온몸에 전율이 흐르고 머리카락 끝까지 소름이 끼치는 구체적인 방식 등등은 시가 소설이나 드라마와 달리 언어의 함축미, 시어의 리듬과 라임이 구성하는 음악적 하모니, 오감을 자극하는 구체적 심상을 매우 중시하고 있다는 점을 시사해 준다.

4. 시적 진리

지금까지, 필자는 여러 시인들이 제시한 시와 시인의 정의 그리고 시의 기법을 소개하고, 시인이 자신의 사유 과정이나 감정들에 대해 독자들과 소통하기 위하여 시에 가상세계를 지어 놓는다고 설명하였다. 하지만, 바로 이러한 이유 때문에 시의 효용성을 무시하는 사람들은 시인이 비과학적이고 거짓된 정보를 주거나, 허구의 세계로 현혹시키거나, 혹은 사회적 성공을 위해 실제적인 보탬이 되지 않는 몽상을 하도록 독려하여 일반 대중들의 심리에 해악을 끼친다고 신랄한 비판을 하거나, 적어도, 그들의 시간과 인생을 낭비하게 만들 뿐이라며 적대감이 가득한 지적을 하곤 하였다. 이러한 비판과 부정적 의견들을 염두에 두고, 매리언 무어(Marianne Moore)는 「시」(Poetry)에서 다음과 같이 시의 효용성(usefulness)을 옹호하였다.

I, too, dislike it: there are things that are important beyond
  all this fiddle.[7]
Reading it, however, with a perfect contempt for it, one
  discovers that there is in
it after all, a place for the genuine.
  Hands that can grasp, eyes
  that can dilate,[8] hair that can rise
    if it must, these things are important not because a

high-sounding interpretation can be put upon them but
because
  they are
useful; when they become so derivative as to become
  unintelligible, the
same thing may be said for all of us--that we
  do not admire what
  we cannot understand. The bat,
    holding on upside down or in quest of something to

eat, elephants pushing, a wild horse taking a roll, a tireless
  wolf under
a tree, the immovable critic twitching[9] his skin like a horse
  that feels a flea, the base-
ball fan, the statistician—case after case
  could be cited did
  one wish it; nor is it valid

---

7) fraud

8) to become wider and bigger

9) to make a jerking movement or to flutter

to discriminate against "business documents and

school-books"; all these phenomena are important. One must
make a distinction
however: when dragged into prominence by half poets,
the result is not poetry,
nor till the poets among us can be
"literalists[10] of
the imagination"--above
insolence[11] and triviality and can present

for inspection, imaginary gardens with real toads in them,
shall we have
it. In the meantime, if you demand on the one hand, in
defiance of their opinion--
the raw material of poetry in
all its rawness[12] and
that which is on the other hand,
genuine, then you are interested in poetry.

이 시에서 무어는 '시를 싫어한다'고 말하는 사람은 오히려 시가 따분하고 무가치하다는 자신의 주장을 조목조목 증명하는 과정에서 자신이 얼마나 시에 관심이 있는 사람인지를 드러내는 역설에 빠진다고 재치 있게 응수하고 있다. 무어가 보기에, 시에서 제시되는 가상의 세계는 자연이나 현실 세계에 그 뿌리를 내리고 있지만, 시인이 극

10) those who are adherent to the exact letter or the literal sense

11) rude and not showing respect

12) an uncooked state

사실주의 기법을 사용하여 자연이나 현실을 있는 그대로 재현한다면, 그런 허구의 세계는 독자들에게 그저 친숙한 감정을 불러일으킬 뿐, 독자들의 의식을 일깨울 수 있는 충격을 주지 못한다는 것이다. 다른 한편으로, 시인이 자연이나 현실 세계를 너무 과도한 상상력으로 변화시킨다면, 그녀는 그런 허구의 세계 역시 왜곡이 너무 심해서 독자들의 공감을 끌어낼 수 없을 것이라고 지적하고 있다. 무어는 과도한 상상력으로 빚어낸 비현실적인 허구의 세계와 과도한 극사실주의 기법으로 재현해낸 허구의 세계를 모두 지양하면서, 시인은 상상력을 가미하여 가상의 화자를 창조하되 그의 상황이 현실세계에 뿌리를 내리고 있어야 하고, 그럼으로써, 독자들이 화자의 상황을 실감나게 경험할 수 있도록 해야 한다고 말하는 것이다. 그런 식으로 시인이 가상 세계와 현실 세계를 융합할 때 비로소 현실세계는 상상계의 일부가 되고, 가상세계에는 현실감이 부여된다는 것이다.

가령, 시인이 시에서 구현하는 가상의 세계가 '진짜가 아니'라고 비판하고자 한다면, 그런 사람은 가상의 정원에 있는 두꺼비가 허상에 불과하여 독자들에게 실재감을 줄 수 없다는 점을 사실로 증명하기 위하여 두꺼비를 자세히 관찰하고 디테일을 조목조목 검토하게 된다. 무어는 바로 이런 적극적인 관찰의 과정에서 그 비판자가 두꺼비에 대한 실감을 느낄 수 있는 가능성이 있다는 것이다. 즉, 시인이 제시하고자 하는 진리는 그 자신에게는 적어도 진실로 여겨지는 '시적 진리'이지 과학적으로 검증할 수 있는 지식 혹은 실용적으로 도움이 되는 정보가 아니므로, 그는 오감을 자극하는 심상들, 적절한 비유적 표현들, 상징 등등을 활용하여 독자들이 자신이 만들어 둔 시의 가상세계에 들어가 상상력을 발휘하고 대상에 몰입하도록 유도할 뿐이다. 물론, 독자들은 그들 자신이 지닌 각각의 경험치에 근거하여 시인이 제시하는 가상세계의 사물들에 반응할 수 있는데, 가령, 두꺼비에 대한 경험을 했던 독자라면 시인이 제시한 몇 가지 심상과 표현만으로도 자신의 기억 속에서 두꺼비에 대한 과거의 경험을 떠올리며 허구의 정원에 있는 두꺼비에 자신의 기억을 투사하여 그 허상의 두꺼비에 대해 실감을 느낄 수 있을 것이다. 이러한 점은 이미 인지과학 분야 실험에서 증명된 바로서, 무어는 인지과학과 실증과학의 차이를 이해하고 역설의 수사를 통해 시적 진리와 과학적 진리를 구분한 뒤, 비판자들이 시인이 제시하는 '가상 세계의 두꺼비가 현실의 생명체 두꺼비가 아니라는 점을 증명하는 일이 얼마나 무의미한가'라는 시적 메시지를 전달하려는 것이다.

결론적으로, 한 번 시를 읽고 감상해 보려는 마음을 먹는 독자들은 적어도 시인이 말하는 방식에 호기심을 가지고 있는 사람들이라고 가정해 볼 때, 필자는 독자들이 무어가 염두에 둔 비판자들 보다는 훨씬 긍정적인 마음가짐으로 시인이 초대하는 가상 세계를 체험해 보고 그가 제시하는 시적 진리에 공감할 수 있을 것이라고 여긴다. 그런 의미에서, 이제, 휘트먼(Walt Whitman)이 「나에 대한 노래」(Song of Myself)를 읽으면서 시인이 초대하는 가상세계에 빠져보자.

> Sit a while dear son,
> Here are biscuits to eat and here is milk to drink.
> But as soon as you sleep and renew yourself in sweet clothes,
> I kiss you with a good-by kiss and open the gates for your

egress hence.

Long enough have you dream'd contemptible dreams,
Now I wash the gum from your eyes,
You must habit yourself to the dazzle of the light and of every moment of your life.

Long have you timidly waded holding a plank by the shore,
Now I will you to be a bold swimmer,
To jump off in the midst of the sea, rise again, nod to me, shout, and laughingly dash with your hair.

(Section 46 of "Song of Myself")

휘트먼의 권유대로 독자들이 기꺼이 시의 바다에 빠져들어 시인들이 말하는 진정한 것, 선한 것, 아름다운 것을 찾아서 탐구해 볼 준비가 되었다면, 이제, 시인들이 사용하는 구체적인 시적 기법들을 학습하고 그것들이 어떻게 시적 진리를 소통하는 효과를 내는지 이해해 보기로 하자.

제 2장
리듬(Rhythm)과 음보(Meter)[1]

시를 '말하는 방식'으로서 정의할 때 가장 중요하게 여겨지는 시적 기법은 아마도 콜리지가 "최선의 방식으로 가장 적절한 어휘를 배열한 것"이라고 말한 대로 시어의 리듬감 있는 배열일 것이다. 일반적으로, 리듬이란 일정한 시간 동안 어떤 특정한 비트-박자가 반복되어 소리의 패턴을 이루는 것을 의미한다. 가령, 바다에서 파도가 일정한 간격을 두고 밀려오고 가는 것, 빗방울이 처마 끝에서 일정한 간격을 두고 떨어지는 것, 고양이가 바닥에 몸을 비비며 엎치락 뒤치락 하는 것 등등 눈에 보이는 리듬이 있는가 하면, 일정한 간격을 두고 좌우로 딱딱 움직이는 메트로놈의 소리, 째깍째깍 움직이는 시계의 초침 소리, 또각또각 걸어가는 하이힐 소리, 두근두근 거리는 심장소리, 따그닥 따그닥 경쾌하게 달리는 말발굽 소리, 찌르르르 찌르르르 귀 속을 후벼 파는 매미나 여치 소리, 호로록 호로록 국수 면발 빨아 올리는 소리 등등 귀에 들리는 리듬도 있다. 또한, 등골이 싸한 느낌,

---

1) meter는 강약세 단위를 의미하며, 1음보란 2음절어에서 1강+1약이 되고, 3음절어에서 1강+1약+1약 혹은 1약+1강+1약이 되는 경우가 많다. 1약+1강의 1음보가 시행 하나에서 5개 반복되는 것이 영시에서 가장 일반적인 정형시의 리듬이며, '약강5음보' (iambic pentameter)라고 불린다.

복숭아뼈가 콕콕 쑤시는 느낌, 위장이 찌르르 아픈 느낌, 심장이 팍 찔리는 느낌, 온몸이 부들부들한 떨리는 느낌 등등 촉감으로 느껴지는 리듬도 있다. 나아가, 밤낮의 변화, 계절의 변화, 철새의 이동, 달의 모습의 변화 등등 우리는 너무 자연스러워 의식하지 못할 뿐 온갖 현실 세계의 리듬에 둘러싸여 살고 있는 것이다. 심지어 우리의 신체는 이런 온갖 종류의 리듬들이 주기적으로 일어나고 그에 반응하는 장소이다. 즉, 심장이 지속적으로 박동을 치며 온몸으로 피를 흘려보내고 있고, 그에 따라 일정한 속도로 맥박이 뛰며, 배가 고프면 배꼽시계가 울리고, 숨이 차면 자연스럽게 숨을 들이마시게 되고, 피곤하면 잠을 자고, 어느 정도 잠을 자면, 자연히 눈을 떠서 깨어나게 되어있다. 물론 우리는 자신의 신체라는 현장에서 다양한 양상으로 일어나는 리듬들에 무감각한 채 살아가지만 말이다.

하지만 시인은 전문 직업인으로서 인간 자체가 그리고 현실 세계 자체가 주기적으로 반복되는 생체 리듬을 포함한 자연의 리듬에 기반하고 있다는 사실을 명확히 이해하고 있다. 또한 그는 인간의 신체적 생명활동 자체뿐만 아니라 인간의 의식, 무의식에 관련된 모든 정신적 활동, 즉, 생각, 느낌, 감정이 자연의 리듬에 뿌리를 내리고 있다는 점을 민감하게 의식하고 있다. 다시 말해서, 독자들로 하여금 '실감 나는' 오감의 체험을 통해 자신의 메시지를 소통하려는 시인이라면 현실 세계의 리듬감을 자신이 언어로 말하는 방식에 자연스럽게 반영하는 것이 그가 구현하고자 하는 '실감'의 핵심을 이룬다는 점을 잘 이해하고 있을 것이다. 그러므로 시인이 시어의 배치와 시행의 조절이 인간의 신체적 리듬을 반영할 수 있도록 특별한 관심을 쏟는 것이 당연하다. 즉, 인간의 들숨 날숨의 길이, 한 번에 뱉을 수 있는 어휘 수, 어휘의 반복적인 소리 등등 자연스러운 말하기의 특성을 반영하여 시의 소리 패턴, 즉, 운율감을 지어내는 작업에 매우 신경을 쓰게 된다는 것이다. 가령, 유아들이 독자인 경우 그들의 짧은 호흡 패턴에 따라 그들이 단박에 이해하고 부를 수 있는 정도의 어휘, 단순한 박자, 그리고 압운 구성법을 사용하여 동시의 운율을 구성하게 된다. "나리, 나리, 개나리/ 입에 따다 물고요/ 병아리 떼 종종종/ 봄나들이 갑니다"를 예로 들면 쉽게 이해할 수 있다. 짧은 시간에 많은 정보를 처리할 수 없는 유아기 아동의 지적 특성을 고려하여 "나리"라는 소리 반복하여 문장을 만들고 그들의 시선을 잡아두는 대상을 명확하게 인지시키고, '개나리'와 '병아리'라는 두 가지 자연물 사이에 연상작용을 형성시킨다. 마찬가지로 "종종종"이라는 소리의 반복을 통해 봄나들이를 나선 자신들의 모습과 열을 지어 뒤뚱뒤뚱 걸어가는 귀엽고 앙증맞은 병아리들의 모습 사이에 유사관계를 깨닫게 하고 노래를 부르는 아동들로 하여금 경쾌하고 즐거운 기분을 느끼게 해 줄뿐만 아니라 연약한 존재/병아리들을 향해 사랑스러운 감정을 가지고 조심할 것을 당부하는 자연스러운 메시지를 전달하는 것이다.

영시에서도 마찬가지인데, 영어라는 언어의 특성상 강세와 약세가 단어 속에 포함되어 있으므로, 시행을 이루는 단어들이 약강, 강약, 약강강, 강약약 등등 특정한 비트-박자가 반복되는 소리의 패턴을 이루게 되면 독자들이 자연스럽게 청각적 자극을 받으면서 시각적 상상력을 발휘하게 된다. 그러므로 시인은 비트-박자를 일정한 패턴으로 사용하여 리듬감을 조성하고 시의 음악적 흐름(cadence)

을 자연스럽게 진행시키는 작업에 무척 신경을 곤두세우곤 한다. 가령, 19세기 미국의 사상가이자 시인인 랠프 왈도 에머슨(Ralph Waldo Emerson)은 시의 "소리"에 주목을 하면서 다음의 지문에서 시인이 구현하는 음악적 흐름이 운문과 산문을 구별해 주는 중요한 요소라고 지적하였다.

> I took part in a conversation the other day concerning a recent writer of lyrics, a man of subtle mind, whose head appeared to be a music-box of delicate tunes and rhymes, and whose skill and command of language we could not sufficiently praise. But when the question arose whether he was not only a lyrist but a poet, we were obliged to confess that he is plainly a contemporary, not an eternal man. He does not stand out of our low limitations, l**ike a Chimborazo under the line,** running up from a torrid base through all the climates of the globe, with belts of the herbage of every latitude on its high and mottled sides; but this genius is t**he landscape-garden of a modern house adorned with fountains and statues, with well-bred men and women standing and sitting in the walks and terraces.** We hear, through all the varied music, the ground-tone of conventional life. Our poets are men of talents who sing, and not the children of music. The argument is secondary, the finish of the verses is primary.
>
> **For it is not meters, but a meter-making argument that makes a poem,**—a thought so passionate and alive that like the spirit of a plant or an animal it has an architecture of its own, and adorns nature with a new thing. **The thought and the form are equal in the order of time, but in the order of**

> **genesis the thought is prior to the form.** The poet has a new thought; he has a whole new experience to unfold; he will tell us how it was with him, and all men will be the richer in his fortune. For the experience of each new age requires a new confession, and the world seems always waiting for its poet.
>
> (The Poet에서, 필자의 강조)

에머슨은 시에서 “음보”(meter)가 이루어 내는 리듬감이 중요하기는 하지만, 그것은 의미의 형성에 유기적으로 연결될 때만 그러하다는 점을 주장하는 것이다. 시는 “적도이남 에쿠아도르에 소재한 산”(Chiamborazo under the line)처럼 인간의 손길이 닿지 않은 원시림의 에너지가 아니라 “근대식 주택에 딸린 조경용 정원”(the landscape-garden of a modern house)처럼 잘 손질되고 절제된 풍경을 보여주어야 한다는 주장인 것이다.

에드가 앨런 포우(Edgar Allan Poe) 역시 운문과 산문의 차이에 대해 강조하며, 시인이 시행의 길이와 리듬감을 일정하게 유지하는 데에는 그만큼 중요한 이유가 있다고 다음과 같이 설명하였다.

> I hold that a long poem does not exist. **I maintain that the phrase “a long poem” is simply a flat contradiction in terms.** I need scarcely observe that a poem deserves its title only inasmuch as it excites, by elevating the soul. **The value of the poem is in the ratio of its elevative excitement**. But all excitements are, through a psychical necessity, transient. That degree of excitement which would entitle a poem to be so called at all cannot be sustained throughout a composition

> of any great length. After the lapse of half an hour, at the very utmost, it flag-fails--a revulsion ensues--and then the poem is in effect, and in fact, no longer such. (The Poetic Principle에서, 필자의 강조)

포우가 생각하는 시의 효과는 한 자리에 앉아서 시를 죽 읽고 그 즉시 느낄 수 있는 그런 것이어야 했기에, 그는 장시에 대해 호감을 보이지 않았다. 대신, 리듬감이 자연스럽게 살아있어 마치 한 곡조의 노래처럼 들리는 시를 선호하였다.

> **The Poetic Sentiment**, of course, may develop itself in various modes- in Painting, in Sculpture, in Architecture, in the Dance- very **especially in Music**- and very peculiarly, and with a wide field, in the composition of the Landscape Garden. Our present theme, however, has regard only to its manifestation in words. **And here let me speak briefly on the topic of rhythm**. Contenting myself with the certainty that Music, in its various modes of metre, rhythm, and rhyme, is of so vast a moment in Poetry as never to be wisely rejected- is so vitally important an adjunct that he is simply silly who declines its assistance, I will not now pause to maintain its absolute essentiality. **It is in Music perhaps that the soul most nearly attains the great end for which, when inspired by the Poetic Sentiment it struggles- the creation of supernal Beauty.** It may be, indeed, that here this sublime end is, now and then, attained in fact. We are often made to feel, with a shivering delight, that from an earthly harp are stricken notes which cannot have been unfamiliar to the angels. And thus there can

> be little doubt that in **the union of Poetry with Music** in its popular sense, we shall find the widest field for the Poetic development. The old Bards and Minnesingers had advantages which we do not possess- and Thomas Moore, singing his own songs, was, in the most legitimate manner, perfecting them as poems.
> To recapitulate then: I would define, in brief, **the Poetry of words as The Rhythmical Creation of Beauty.** Its sole arbiter is Taste. With the Intellect or with the Conscience it has only collateral relations. Unless incidentally, **it has no concern whatever either with Duty or with Truth**. (The Poetic Principle에서, 필자의 강조)

이처럼, 포우가 보기에 '시가 불러일으키는 서정'(poetic sentiment)은 내용-메시지 (truth)의 전달이 아니라 형식-기법 (rhythmical creation)에 대한 감각적 체험을 통해서 촉발되는 것이므로, 그는 다른 시적 기법들 외에 비트-박자의 패턴을 적절하게 조직하여 운율감을 자아내는 작업을 무척 중시하였다. 심지어, 그는 "언어를 재료로 하는 시는 아름다움을 리드미컬하게 창조하는 작업이다"라고까지 말할 정도였다. 이는 '시'와 '음악'이 자매 예술이라고 여기는 일파의 견해를 반영하는 것인데, 영미시사에서 모더니즘 시의 출현 단계에서 커다란 영향력을 미쳤던 에즈라 파운드(Ezra Pound) 역시 '시어의 음악성'에 대해 강조하였다.

> The great lyric age lasted while Campion made his own music, while Lawes set Waller's verses, while verses, if not actu-

ally sung or set to music, were at least made with the intention of going to music. Music rots when it gets too far from the dance. Poetry atrophies when it gets too far from music. (*ABC of Reading*에서)

가령 다음의 시에서 파운드는 인간의 존재에 대한 사유를 시에 담아내면서 자신의 생각을 독자들에게 직접 전달하기 보다는 자음 반복, 모음 반복, 요운 등등의 기법을 이용하여 소리의 패턴 속에 감싸서 간접적으로 전달하였다.

Meditatio
by Ezra Pound

When I carefully consider the curious habits of dogs
I am compelled to conclude
That man is the superior animal.

When I consider the curious habits of man
I confess, my friend, I am puzzled.

1. 위의 시에서 대조를 이루는 두 가지는 무엇인가?

2. "the curious habits of dogs"과 "the curious habits of man"에 해당하는 사례들을 말해 보자.

3. 시인이 사용하는 자음 반복(alliteration), 모음 반복(assonance), 요운(internal rhyme) 기법의 사례들을 찾아보자.

4. 1연과 2연에서 화자가 내리는 결론에 동의하는가?

자신의 생각을 시어의 음악에 감추어 간접적으로 전달하였기에, 파운드는, 시 제목 "사색"(meditation)이 제시하는 대로, 독자들에게 인간 존재에 대한 하나의 '생각 거리'를 던져주고자 하는 목적을 충분히 달성할 수 있었다.

특히, 파운드와 동시대 시인이면서 교우를 나누었던 윌리엄 칼로스 윌리엄스(William Carlos Williams)는 "미국식 화법"을 강조한 시인이었는데, 영국식 악센트, 어조, 각운법, 음보격이 미국인들에게는 적합하지 않다고 주장하면서 미국인의 생체리듬과 일상 대화법의 자연스런 리듬을 반영하는 월트 휘트먼의 화법을 미국시의 '미국적 아름다움'을 구성하는 요소로 삼고자 하였다.

> No action, no creative action is complete but a period of from a greater action going in rhythmic course. . . . Imagination creates an image, point by point, piece by piece, segment by segment--into a whole, living. Bur each part as it plays into its neighbor, each segment into its neighbor segment and every part into every other, causing the whole--exists naturally in rhythm, and as there are waves there are tides and as there are ridges in the sand there are bars after bars. . . . *Vers libre* is prose. In the hands of Whitman it was a good tool, a kind of synthetic chisel--the best he had. **In his bag of chunks even lie some of the pieces of rhythmic life of which we must build**. This is honor enough. *Verse libre* is finished--Whitman did all that was necessary with it. Verse has nothing to gain

> here and all to lose. . . . Each piece of work, rhythmic in whole, is then in essence an assembly of tides, waves, ripples--in short, of greater and lesser rhythmic particles regularly repeated or destroyed. (*The American Background*에서)

각운과 비트-박자가 이루어내는 음악적 패턴에서 자유로운 시는 없다고 믿었던 윌리엄스는 선배 시인 휘트먼을 모범으로 삼아 일상적인 대화법이 자아내는 자연스런 운율감을 적극 이용하여 시를 창작하였다.

이처럼, 거의 모든 영미 시인들이 시어의 배열과 음악적 패턴은 시의 의미와 유기적으로 결합되므로 '소리' 자체가 시의 핵심 재료가 된다고 여기고 있었다. 특히 그 중에서도 로버트 프로스트(Robert Frost)는 자신의 시학을 "의미의 소리"(the Sound of Sense) 시학이라고 부르며, 예민한 청력과 소리를 능란하게 통제하는 능력을 시인이 갖추어야 할 기본 자질이라고 주장하였다.

> I alone of English writers have consciously set myself to make music out of what I may call the sound of sense. Now it is possible to have sense without the sound of sense (as in much prose that is supposed to pass muster but makes very dull meaning) and the sound of sense without sense (as in Alice in Wonderland which makes anything but dull reading). . . . But remember we are still talking merely of the raw material of poetry. An ear and an appetite for these sounds of sense is the first qualification of a writer, be it of prose or verse. But ***if one is to be a poet he must learn to get cadences by skill-***

> ***fully breaking the sounds of sense with all their irregularity of accent across the regular beat of the meter***. Verse in which there is nothing but the beat of the meter furnished by the accents of the polysyllabic words we call doggerel. Verse is not that. Neither is it the sound of sense alone. **It is a resultant from those two.** There are only two or three meters that are worth anything. We depend for varicty on thc infinite play of accents in the sound of sense. The high possibility of emotional expression all lets in this mingling of sense-sound and word-accent. A curious thing. And all this has its bearing on your prose, me boy. Never if you can help it write down a sentence in which the voice will not know how to posture specially. (*Selected Letters of Robert Frost* 에서 John T. Bartlett에게 보낸 편지)

프로스트는 운율감을 잘 조성할 줄 아는 시인과 잡시(doggerel) 작가를 구분하였는데, 그가 "잡시"라고 불렀던 것은 "다음절 표현에서 자연발생하는 강약의 음보격에서 [기계적으로] 반복하는 비트-박자감밖에는 없는 운문"(Verse in which there is nothing but thc bcat of thc mctcr furnished by the accents of the polysyllabic words)을 말하는 것이었다. 가령, 방송광고의 카피문구처럼 단순하게 각운을 맞추거나 청자의 주의를 쉽게 잡아끄는 후크를 사용한 운문이 "잡시"에 해당하는데, 그런 "잡시"를 만드는 작가들은 종종 의도적으로 대상을 풍자화 혹은 희화화 하는 것을 목적으로 삼곤 한다. 한국의 대중가요에서도 "잡시"의 운율감을 가진 가사들을 발견할 수 있는데, 가령, 우리 귀에 너무 친숙한 "텔미 텔미 테테테테 텔미" "암 쏘핫 난 너무 예뻐/ 암 쏘파인 난 너무 매력있어/ 암 쏘쿨 난 너무멋져"가 그러한 사례가 될 수 있을 것이다. 이전의 발라드 가요의 가사와 달리, 이 가사에서는 반복되는 소리 패턴과 어휘들이 얽어내는 음악적 흐름이 너무 단순하고 기계적이고 직독직해의 수준에 머물기에 청자들이 가사를 읊조릴 때 리듬감이 그들의 상상력을 자극하고 가동시킬 여지가 없기 때문이다.

사실상, "doggerel"이라는 어휘 자체는 중세 영어 "doggerel"로 유래했으며 문자 그대로라면 "새끼 강아지" 정도를 의미한다. 전문 시인들은 시의 운율감을 흉내 낸 엉터리 시를 이처럼 '개짖는 소리'에 그리고 진정한 시는 '인간의 말'에 비유함으로써 시인의 창의적 상상력과 진지한 사유의 중요성을 강조하고자 했던 것이다. 우리도 종종 '하루 강아지 풍월을 읊는다'는 비유를 사용하여 전문가가 아닌 사람이 어디서 주워들은 얕은 지식을 늘어놓으며 전문가 행세를 할 때 그 사람을 조롱하곤 한다는 점을 생각하면 프로스트를 포함한 시인들이 '잡시'를 왜 개짖는 소리에 비유했는지 금방 알 수 있을 것이다. 가령 풍자로 유명한 마크 트웨인(Mark Twain)이 "Punch, Brothers, Punch"라는 단편에서 삽입한 유명한 "잡시"의 예를 들자면 다음과 같다.

> Conductor, when you receive a fare,
> Punch in the presence of the passenjare!
> A blue trip slip for an eight-cent fare,
> A buff trip slip for a six-cent fare,
> A pink trip slip for a three-cent fare,
> Punch in the presence of passenjare!

트웨인은 화자가 "fare"의 각운을 맞추기 위해 일부러 "passenger"를 "passenjare"로 변형하여 발음하는 촌극을 벌이는 상황을 조롱하고 있는 것이다.

이런 맥락에서 프로스트는 자신이 주장하는 '의미의 소리' 시학을 설명하면서 자신이 조성하는 운율감이 '소리'의 형식에만 집착하는 하류 시인들이 애용하는 인위적인 압운이나 기계적인 비트-박자의 반복에 기댄 리듬감과는 질적으로 다른 것임을 분명히 하고자 하였다. 가령, 「새의 노래는 결코 똑 같지 않으리」(Never Again Would Birds' Song Be The Same)에서 그가 제시하는 "의미의 소리" 시학을 어느 정도 짐작해 볼 수 있다.

He would declare and could himself believe
That the birds there in all the garden round
From having heard the daylong voice of Eve
Had added to their own an oversound,
Her tone of meaning but without the words.
Admittedly an eloquence so soft
Could only have had an influence on birds
When call or laughter carried it aloft.
Be that as may be, she was in their song.
Moreover her voice upon their voices crossed
Had now persisted in the woods so long
That probably it never would be lost.
Never again would birds' song be the same.
And to do that to birds was why she came.

이 시는 소넷 정형시로서 프로스트는 약강 5음보격(iambic pentameter)을 기본으로 삼아 조금씩 리듬에 변형을 주고, 각행의 마지막 단어의 끝소리를 맞추는 압운을 형성하는 소리들을 창의적 어휘들로 구성하여 전체적인 소리의 패턴이 주는 운율감을 형성하고 있다. 하지만, 각 행에서 따라서 어떤 단어의 의미는 사전적인 의미 외에 소리의 전체적인 구조와 패턴 속에서 다른 의미를 가지게 되기도 한다.

1. 이 시에 등장하는 'he' 와 'she'는 누구인가?

2. 'birds' song'과 'Even'의 어조에는 어떤 차이가 있는가?

3. 9번째 시행을 읽을 때, 어느 단어에 강조를 두겠는가? 그것이 의미에 어떤 변화를 주게 되는지 말해 보자.

4. 9행과 비교하여 마지막 시행을 읽고 단음절어로 이루어진 시행이 의미에 미치는 영향을 말해 보자. 가령, 이 시에 사용된 단음절어들이 기계적인 리듬 이외에 위트가 부족하여 전체적으로 무미건조한 맛이 난다는 비평이 타당할까?

그럼 이제 프로스트가 광고 CM송이나 풍자를 위한 "잡시"에 흔히 등장하는 소리의 패턴을 지양했던 것처럼, 시인이 소리의 패턴을 이루어 운율감을 조성하는 방법에 대해 조금 더 깊이 이해해 보기로 하자. 사실상, 각운이나 자음과 모음 반복법을 이해하기 위해서는 그저 시어가 본래 가진 강세에 주목하면서 시를 큰 소리로 읽어보는 가운데 소리의 반복이 이루어지는 패턴을 찾아내면 된다. 하지만, 리듬의 경우, 영어를 모국어로 사용하지 않는 독자들에게 운율 혹은 소리의 패턴을 파악해 내는 것은 쉽지 않은 작업이기 때문에 기초적인 지식과 많은 연습이 필요하다.

우선, 영시에는 강세를 받는 단어와 그렇지 않은 단어로 구성된 하나의 '보' (foot)를 기본 단위로 삼는 5가지의 대표적인 음보가 있다. 각각의 예문을 읽고, 강약의 악센트를 단어 위에 표시하여 어떤 특징적인 강약의 악센트 조합의 리듬이 하나의 보를 구성하고, 그 기본 단위가 하나의 시행에서 몇 번 씩 반복하고 있는지 살펴보자.

1) **Iambic Meter (약강)**
The falling out of faithful friends, renewing is of love
Was this the face that launched a thousand ships
And burnt the topless tow'rs of Ilium?

2) **Anapestic Meter (약약강)**
I am monarch of all I survey
And the white breast of the dim sea

3) **Trochaic Meter (강약)**
Double, double, toil and trouble

4) **Dactylic Meter (강약약)**
Take her up tenderly
Hanging so light, and hanging so high

5) **Spondee Meter (강강)**
Sweet Helen, make me immortal with a kiss
And the white breast of the dim sea

일반적으로 Iambic과 Anapestic는 약강의 음보를 기본으로 하고 있기 때문에 상승의 분위기를 조성하고, Trochaic과 Dactylic은 강약의 음보를 기본으로 삼기 때문에 하강의 분위기를 조성한다고 말해진다. Spondee의 경우는 강강의 음보이므로 드물게 사용되지만, 그런 탓에 일종의 강조의 리듬으로 사용되며, 독자의 청각과 시선을 사로잡아 두는 효과가 있다. 각각의 기본 음보는 하나의 시행에서 반복하는 횟수에 따라 다음과 같이 불려진다.

〈음보의 길이〉

mono meter	**= one foot**	**pentameter = five feet**
dimeter	**= two feet**	**hexameter = six feet**
trimeter	**= three feet**	**heptameter = seven feet**
tetrameter	**= four feet**	**octameter = eight feet**

예를 들어서, 시행에서 약강의 보가 5번 반복되는 리듬이 보인다면 시인은 iambic pentameter격을 사용하여 소리의 패턴을 구성하는 것으로 파악할 수 있는 것이다. 약강 5음보는 영어를 모국어로 하는 사람들에게 가장 평범하고 자연스러운 대화의 리듬으로서, 셰익스피어의 드라마의 대사들이 거의 약강 5음보에 기반하고 있다. 하지만, 시인은 독자와 소통을 목적으로 삼기 때문에 일반적인 대화의 길이와 리듬감에서 크게 벗어나지 않도록 시행의 길이와 속도를 구성하기 위하여 이러한 음보를 염두에 둘 뿐이다. 실제로, 시인은 시행이 진행하는 가운데 리듬감이 너무 단조롭거나 혹은 자신이 속한 문화적 배경에서 흔하지 않은 색다른 리듬감을 원할 경우, 기본적인 음보

를 파괴하여 약강 리듬을 자유롭게 당기거나 느슨하게 풀어내면서 창의적으로 소리의 패턴을 구성하여 새로운 운율감을 전달한다. 또한, 자유시를 창작하거나 산문시를 쓰는 경우, 시인은 음보의 규칙에서 벗어나 일상화법의 리듬감에 부합하도록 시행의 음보 구성을 변화시키기도 한다.

이제 다음의 영시들을 읽고 단어마다 강약의 악센트를 따져가면서 시인이 어떤 보를 기본 단위로 삼고 리드미칼하게 반복하는지, 그리고 어떤 부분에서 시인이 기본 리듬의 구조를 파격하는지 표시해 보자. 또, 그러한 시도가 시의 의미 형성에 어떤 영향을 미치는지도 논의해 보자. 더불어, 음보와 각운을 모두 함께 고려하여 시인이 구성하는 소리의 패턴이 의미의 패턴과 어떤 식으로 유기적인 관계를 맺고 있는지도 논의해 보자. (편의를 위해서 악센트를 받는 단어나 음절을 이탤릭으로 표시하였다.)

When I was One-And-Twenty
by A. E. Houseman

When *I* was *one*-and-*twen*ty
I *heard* a *wise* man *say*,
"*Give crowns* and *pounds* and *guin*eas
But *not* your *heart* a*way*;
Give pearls a*way* and *ru*bies
But *keep* your *fan*cy *free*."

But *I* was *one*-and-*twen*ty,
No *use* to *talk* to *me*.

When *I* was *one*-and-*twen*ty
I *heard* him *say* again,
"The *heart* out of the *bu*som
Was *ne*ver *gi*ven in *vain*;
'Tis *paid* with *sighs* a *plen*ty
And *sold* for *end*less *rue*.[2]"
And *I* am *two*-and-*twen*ty,
And *oh*, 'tis *true*, 'tis *true*.

1. 위의 시에서 이탤릭으로 표시된 부분이 강세를 받는 부분이라는 점을 고려하면 이 시의 기본 음보는 무엇인가?

2. 이 시에서 하우스만이 전달하고자 하는 감정들은 어떤 것들일까? 소리의 패턴이 그런 감정들을 효과적으로 극대화 하고 있을까?

from "The Triumph of Time"
by Algernon Charles Swinburne

I have *gi*ven no *man* of my *fruit* to *eat*;
I *trod* the *grapes*, I have *drun*ken the *wine*.
Had you *eat*en and *drun*ken and *found* it *sweet*,
This *wild* new *growth* of the *corn* and *vine*,
This *wine* and *bread* with*out* *lees* or *lea*ven,
We had *grown* as *gods*, as the *gods* in *hea*ven,
Souls *fair* to *look* upon, *good*ly to *greet*,
One *splen*did *spi*rit, your *soul* and *mine*.

2) regret, lament

1. 위의 시에서 이탤릭으로 표시된 부분이 강세를 받는 부분이라는 점을 고려하면 이 시의 기본 음보는 무엇인가?

2. 이 시에서 하우스만이 전달하고자 하는 감정들은 어떤 것들일까? 소리의 패턴이 그런 감정들을 효과적으로 극대화 하고 있을까?

"Song of Witches" from *Macbeth*
by William Shakespeare

*Dou*ble, *dou*ble *toil* and ***trou***ble;
Fire burn and *cald*ron *bub*ble.
*Fill*et of a *fen*ny *snake*,
In the *cald*ron *boil* and *bake*;
Eye of *new*t and *toe* of *frog*,
Wool of *bat* and *tong*ue of *dog*,
*Add*er's *fork* and *blind*-worm's *sting,*
*Liz*ard's *leg* and *how*let's *wing*,
For a *charm* of *power*ful *trou*ble,
Like a *hell*-broth *boil* and *bub*ble.
*Dou*ble, *doub*le *toil* and *trou*ble;
Fire burn and *caldr*on *bub*ble.
Cool it with a *ba*boon's *blood*,
Then the *charm* is *firm* and *good*.

1. 위의 시에서 이탤릭으로 표시된 부분이 강세를 받는 부분이라는 점을 고려하면 이 시의 기본 음보는 무엇인가?

2. 이 시에서 하우스만이 전달하고자 하는 감정들은 어떤 것들일까? 소리의 패턴이 그런 감정들을 효과적으로 극대화 하고 있을까?

Counting-Out Rhyme
by Edna St. Vincent Millay

*Sil*ver *bark* of *bee*ch, and *shal*low
Bark of *yel*low *birch* and *yel*low
Twig of *wil*low
Stripe of *green* in *moose*wood *ma*ple,
*Co*lour *seen* in *leaf* of *ap*ple,
Bark of *pop*ple.

(*moosewood는 북미 동부 원산(原産)인 나무껍질이 매끈매끈하고 세로 줄무늬가 있는 단풍나무(Acer striatum)를 의미함.)

1. 위의 시에서 이탤릭으로 표시된 부분이 강세를 받는 부분이라는 점을 고려하면 이 시의 기본 음보는 무엇인가?

2. 이 시에서 하우스만이 전달하고자 하는 감정들은 어떤 것들일까? 소리의 패턴이 그런 감정들을 효과적으로 극대화 하고 있을까?

from "The Lost Leader"
by Robert Browning

Just for a *hand*ful of *sil*ver he *left* us,
Just for a *rib*and to *stick* in his *coat*—
Found the one *gift* of which *for*tune be*reft* us,
Lost all the *others* she lets *us* de*vote;*
They, with the *gold* to give, *doled* him out *sil*ver,
So much was *theirs* who so *lit*tle allowed:
How all our *cop*per had *gone* for his *ser*vice!

1. 위의 시에서 이탤릭으로 표시된 부분이 강세를 받는 부분이라는 점을 고려하면 이 시의 기본 음보는 무엇인가?

2. 이 시에서 하우스만이 전달하고자 하는 감정들은 어떤 것들일까? 소리의 패턴이 그런 감정들을 효과적으로 극대화 하고 있을까?

I Wandered Lonely as a Cloud
by William Wordsworth

I *wan*dered *lon*ely as a *cloud*
That *floats* on *high* o'er *vales* and *hills*,
When *all* at *on*ce I *saw* a *crowd*,
A *host*, of *gol*den *daff*od*ils*;
Be*side* the *lake*, ben*eath* the *trees*,
*Flut*tering and *dan*cing in the *breeze*.

Con*tin*uous as the *stars* that *shine*
And *twin*kle on the *mil*ky *way*,
They *stret*ched in *ne*ver-*en*ding *line*
Al*ong* the *mar*gin *of* a *bay*:
Ten *thou*sand *saw* I *at* a *glance*,
*Toss*ing their *head*s in sp*righ*tly *dance*.

The *waves* be*side* them *dan*ced; but *they*
Out-*did* the *spar*kling *waves* in *glee*:
A *poet* could *not* but *be gay*,
In *such* a *jo*cund *com*pany:
I *gazed*—and *gazed*—but *lit*tle *thought*

What *wealth* the *show* to *me* had *brought*:

For *oft*, when *on* my *couch* I *lie*
In *va*cant *or* in *pen*sive *mood*,
They *flash* up*on* that *in*ward *eye*
Which *is* the *bliss* of *sol*i*tude*;
And *then* my *heart* with *plea*sure *fills,*
And *dan*ces with the *daf*fod*ils*.

1. 위의 시에서 이탤릭으로 표시된 부분이 강세를 받는 부분이라는 점을 고려하면 이 시의 기본 음보는 무엇인가?

2. 이 시에서 워즈워드가 전달하고자 하는 감정들은 어떤 것들일까? 기본 음보와 각운이 이루어 내는 소리의 패턴의 반복과 변화가 어떻게 그런 감정들을 효과적으로 극대화 하고 있을까?

워즈워드는 이 시를 단번에 써 내려갔던 것이 아니라 1807년에 처음 게재했다가 이후 1815년 수정을 해서 지금의 시 텍스트를 완성하였다. 수정된 사항을 보면, 4행에서 dancing이 golden으로, 5행에서 Along이 Beside로, 6행에서 Ten thousand가 Fluttering and로, 16행에서 laughing이 jocund로 변했으며, 2연은 완전히 새로 써서 삽입하였다. 한 가지 흥미로운 점은 이 시가 완전히 워즈워드 본인의 경험을 토대로 한 것이 아니라는 점이다. 워즈워드는 여동생 Dorothy Wordsworth와 종종 함께 산책을 다니곤 했는데, 1802년 4월 15일 도로시는 오빠와 함께 본 수선화의 아름다운 풍경에 대해서 일기에 다음과 같이 적어 두었다.

> When we were in the woods beyond Gowbarrow Park we saw a few daffodils close to the water-side. We fancied that the lake had floated the seeds ashore, and that the little colony had so sprung up. But as we went along there were more and yet more; and at last, under the boughs of the trees, we saw that there was a long belt of them along the shore, about the breadth of a country turnpike road. I never saw daffodils so beautiful. They grew among the mossy stones about and about them; some rested their heads upon these stones as on a pillow for weariness; and the rest tossed and reeled and danced, and seemed as if they verily laughed with the wind, that flew upon them over the Lake; they looked so gay, ever glancing, ever changing. This wind blew directly over the Lake to them. There was here and there a little knot, and a few stragglers a few yards higher up; but they were so few as not to disturb the simplicity, unity, and life of that one busy highway.

도로시의 산문에서도 눈앞에 펼쳐진 노란 수선화의 바다의 아름다움에 한껏 취한 한 사람의 모습이 상상되고, 여기저기서 수선화 군락을 발견하고 설명하는 목소리에 담긴 흥분감과 그들의 움직임을 차근차근 설명을 하는 목소리에 담긴 즐거움이 느껴진다. 하지만 워즈워드는 그러한 감정들을 시의 소리의 패턴에 담아 독자들에게 전달하고자 한다. 같은 사건을 표현하는 운문과 산문 두 가지의 양식을 서로 비교하며 위의 시를 이해한다면 시에서 소리의 패턴이 왜 중요한지 이제 보다 잘 이해할 수 있을 것이다.

이제 다음의 시를 읽고, 앞서서 윌리엄스가 주장했던 ‘미국식으로 말하기’에 배어 있는 소리의 패턴을 파악해 보고 그 특징이 무엇인지 논의해 보자.

in this ***strong light***
the *leaf*less *beech*tree
shines like a *cloud*
it *seems* to *glow*
of it*self*
with a ***soft stript light***
of ***love***
*o*ver the *bri*ttle
grass
But there *are*
on *se*cond *look*
a *few yel*low *lea*ves
still shaking
far ap*art*
just one *here* one *there*
*trem*bling *vi*vidly
(10/28 of “The Descent of Winter”)

어떤 정형화된 음보격도 거부했던 윌리엄스는 20세기 현대 미국인의 정서를 오래된 영국의 대표적인 정형시 형식인 소넷(sonnet)의 운율감에 따라 표현하는 것을 마치 꽃게를 사각형의 상자에 집어넣으려고 하는 것과 마찬가지라고 하였다. 상자에 맞추기 위해 튀어나온 집게발이 모두 잘리고 몸통만 남은 게를 선물로 받는다면, 우리는 그

것을 꺼내들고 "야, 꽂게다!"라고 '그래, 이게 꽂게 맛이지'하고 기뻐할 수 있을까? 결국, 시를 '말하는 방식'으로 정의할 때 가장 중요한 특징이 되는 소리의 운율감은 한 가지로 정해질 수 없을 뿐만 아니라 화자의 어조, 액센트, 입심이 중요하다는 것이 그의 결론이었다.

지금까지 소리의 강약의 패턴과 그 리드미칼한 반복이 전달하는 운율감에 대해 살펴본 대로, 영시에는 강약의 음보와 그 규칙에 따르는 정형시들이 있는가 하면, 그러한 규칙을 무시하고 자유롭게 창작하는 운문시가 있다. 동시에 장시가 인간의 집중력을 벗어난다는 이유로 시행의 길이를 제한할 것을 주장한 시인이 있었는가 하면, 강약음보격의 규칙에 구애를 받지 않는 운문을 산문시라고 규정한 시인도 있었다. 이러한 주장들이 나온 것은 모두 시대의 변화에 따라 사람들의 말하는 방식이 달라졌기 때문이라고 할 수 있고, 또, 지역의 사투리와 말투에 따라 즉, 영국식 말하기와 미국식 말하기가 다르기 때문에 나온 결과라고 할 수 있다. 그런 맥락에서, 우리는 영어를 사용하는 모든 지역에서 각각 현지인들이 사용하는 지역 영어와 말하는 방식에 따라 영시의 소리 구조와 음악적 흐름이 다를 수 있다는 점을 염두에 두어야 할 것이다. 경상도 사람이 '갸가, 갸가? 갸-가?'라고 말할 때 그 소리 패턴의 리드미칼한 반복과 변화를 곧바로 파악해서 특수한 지역화법이 불러일으키는 즐거움을 감상할 수 있는 서울 사람이 거의 드문 것처럼 말이다. 하지만, 이 모든 차이와 다름에도 불구하고, 한 가지 불변하는 사실이 있다면, 그것은 인간이 언어를 사용하여 소통하는 한, 시인이 조성하는 비트-박자의 패턴과 그 반복과 변화를 통해 전달하는 리듬감은 생명체의 리듬, 자연의 리듬,

우주의 리듬과 분리되지 않을 것이라는 점일 것이다.

Rhythm and Meter

1. **A rhythm is a regular repetition of sounds or sound movements.**

Examples:
: a fast/slow/steady rhythm
: jazz or blues rhythms
: the rhythm of four seasons
: a biological rhythm/ a rhythm of a body
: a rhythm of a forest

2. **A meter is a musical time.**

Examples:
(formal) a cadence, which is the way one's voice gets higher and lower as one speaks
: a pleasing cadence
: a control of beat and breathing
: four beats (4 박) to the bar (마디 당)
cultural differences in the beat: for Koreans, for others
: how many regular movement and beats in one line

제 3장
압운법(Rhyme)과 기타 소리의 활용

그렇다면, 이제 운율감을 구성하는 또 다른 측면인 압운법을 조금 더 살펴보면서 시인이 언어를 사용하여 인간의 육체, 삶, 생활환경, 그리고 우주의 근본을 이루고 있는 자연스런 리듬을 시의 가상세계에 연동시키는 방법을 이해해 보기로 하자. 우선, 압운법은 어떤 특정한 모음과 자음으로 이루어진 소리가 시행마다 반복되는 것을 말하며, 시인이 시에서 소리와 의미를 유기적으로 통합시키기 위하여 사용하는 방법이다. 앞서 보았던 doggerel이나 광고의 jingle에서 사용되는 자극적인 각운과 달리 시인은 독자의 예상을 뛰어넘는 창의적인 각운을 활용하여 독자의 관심을 사로잡아 그 의미를 생각하게 하거나 기발한 재치에 감탄하게 하거나 코믹하거나 비장한 효과를 점증시키기도 한다. 다음이 예시들에서 이탤릭으로 처리된 부분에 주의하며 소리와 의미의 상관관계를 생각해 보자.

1) Julius *Caesar*
The Roman *geezer*
Squashed his wife with a lemon-*sqeezer*.
(annonymous)

2) We poets in our youth begin in *gladness*
But thereof come in the end despondency and *madness*.
(William Wordsworth, "Resolution and Independence")

3) and of course we're not married, we are a pair of *scissors*
who come together to cut, without towels saying *His. Hers.*
(Anne Sexton's "Eighteen Days Without You")

4) Take her up *tenderly*
Lift her with *care*
Fashioned so *slenderly*
Young, and so *fair*!
(Thomas Hood's "The Bridge of Sighs")

5) I shoot the Hippopotamus
with bullets made of plati*num*
Because if I use leaden ones
his hide is sure to flatte*n 'em*.
(Hilaire Belloc, "The Hippopotamus")

일반적으로, 소리 패턴의 반복과 변형이 불러일으키는 운율감은 자유시 보다는 정형시의 형식에서 그 중요성이 강조가 되었는데, 특히, 18세기 영국시인 알렉산더 포우프(Alexander Pope)는 압운 구성 역량에 따라 시인의 등급을 매길 수 있다는 의견을 표현하기도 하였다.

Yet let me flap this bug with gilded *wings,*
This painted child of dirt, that stinks and *stings*,
Whose buzz the witty and the fair *annoys*,
Yet wit ne'er tastes, and beauty ne'er *enjoys*:

So well-bred spaniels civilly *delight*
In mumbling of the game they dare not *bite.*
Eternal smiles his emptiness *betray,*
As shallow streams run dimpling all the *way.*

신고전주의파 시인이었던 포우프는 "death"와 "breath" 혹은 "birth," "earth," "mirth" 등등의 진부한 각운을 사용하는 시인들을 '무늬만 시인'으로서 "감히 물어뜯을 용기도 없는 자들"(dare not bite)로 분류하면서 마지막 시행에서 그런 부류가 진행시키는 압운을 "얕은 개울"(shallow streams)이라고 평가하였던 것이다.

하지만, 진부한 압운법을 사용하면서도 독자들과 소통하고자 하는 메세지의 깊이를 심화하는 사례를 보여준 시인도 있었으니, 그는 다름 아닌 윌리엄 블레이크(William Blake)였다.

The Angel that praised o'er my *birth*
Said, "Little creature, formed of Joy and *Mirth,*
Go love without the help of anything on *earth.*"
(from "The Angel that Praised o'er My Birth")

이 시에 블레이크는 각 시행에서 압운법을 위해 "birth," "mirth," "earth"처럼 흔한 단어를 사용하였지만, 시인이 소통하고자 하는 메시지가 "나의 탄생을 축하해 주는 천사들"이므로, 각 행의 각운은 '탄생' ⇒ '웃음' ⇒ '지구'로 의미의 고리가 연결되면서, '한 아이의 탄생이 세상에 웃음을 가져 온다'는 단순하지만 깊은 감동을 주는 메시지를 전달할 뿐만 아니라 시를 읽은 이후에도 그 단순한 각운들이 독자들의 마음속에서 기분 좋은 여음으로 메아리치며 미소를 짓게 하는 효과를 내고 있다. 만약 블레이크가 진부하지만 듣자마자 쉽게 각인되는 각운을 사용하지 않고, 매우 새롭지만 익숙지 않은 각운을 사용하였다면, 독자들은 그 낯선 소리에 압도되어 정작 시인의 메시지에 공감하고 즐길 여유를 못 누렸을 지도 모른다.

확실히 어떤 경우에는 시인들이 시어의 '소리'를 '의미'와는 상관없이 장식적 요소로 사용하기도 하였지만, 대부분의 시인들은 평범하고 진부하다고 여겨지는 음보의 반복과 각운법이라도 나름대로 창의적으로 활용하여, 이전의 시 전통에 대해 비판적인 시선을 드러내고 동시에 시창작에 대한 자신만의 태도나 방식을 제시하고자 하였다. 그러므로 독자들이 영시를 이해하고자 할 때, 언제나 큰 소리로 읽으면서 시어의 악센트나 고저의 소리가 이루어 내는 패턴에 주의를 기울이고, 혹시 각운이나 반복적 패턴이 달라지거나 깨지는 지점을 발견하게 되면, 시인이 '자신의 생각을 발전시키거나, 특정한 의미를 강조하거나, 대상에 대한 마음 상태를 암시하고자 하는 구나'라고 여기면서 더욱 관심을 가지고 꼼꼼히 따져볼 필요가 있다.

사실상, 각운(End rime)은 압운법 중에서 가장 흔히 사용되는 방법으로서 단어의 뜻 그대로 각 시행의 맨 마지막 단어의 모음과 자음 쌍의 구성법이다. 첫 시행의 모음과 자음 쌍의 소리가 다음 시행에서도 동일하게 맞추는 경우 **정음 각운**(Exact rime)이라고 부르며, 모음의 소리는 다르지만 자음의 소리는 같게 맞추는 경우 **어긋음 각운**(Slant rime)이라고 부른다. 어긋음 각운의 경우, 독자의 예상과 달리 뭔가 어긋나는 모음의 소리로 인하여, 실망감, 부정적인 감정, 인정하지 못하는 마음 등등을 효과적으로 표현할 수 있다. 각운을 이해하기 위해서 우선 윌리엄 버틀러 예이츠(William Butler Yeats)의「레다와 백조」(Leda and Swan)를 소리내어 읽어보면서, 그가 강조하고 싶은 사건의 순간에 독자들의 관심을 사로잡기 위해 각운을 활용하는 방식을 이해해보자.

A sudden blow: the great wings beating *still*
Above the staggering[1] girl, her thighs[2] *caressed*
By the dark webs, her nape[3] caught in his *bill*,
He holds her helpless breast upon his *breast*.

How can those terrified vague fingers *push*
The feathered glory from her loosening *thighs*?
And how can body, laid in that white *rush*,
But feel the strange heart beating where it *lies*?

A shudder in the loins[4] engenders[5] *there*
The broken wall, the burning roof and *tower*
And Agamemnon ***dead***.
                Being so caught *up*,
So mastered by the brute[6] blood of the *air*,

1) very shocking and surprising

2) the part of a person's leg abobe the knee

3) the back of the neck

4) the back of an animal near the tail or from the top part of the back legs

5) to cause a particular feeling, atmosphere, or situation to occur

6) rough, violent and insensitive

Did she put on his knowledge with his *power*
Before the indifferent beak could let her ***drop***?

1. 이 시에서 예이츠는 정음 각운과 어긋음 각운을 사용하고 있다. 각각의 예를 찾아보자.

2. 이 시의 배경이 되는 그리스 신화를 읽어 보고, 예이츠가 각운을 활용한 소리 패턴과 독자들에게 전달하고자 하는 메시지를 유기적으로 통합하는 방식을 살펴보자.

Leda and the Swan is a story from Greek mythology, in which the god Zeus, in the form of a swan, seduces the mortal woman Leda on the same night she slept with her husband King Tyndareus. From this incident Leda bore Helen and Polydeuces, children of Zeus, while at the same time bearing Castor and Clytemnestra, children of her husband Tyndareus, the King of Sparta. In some versions, she laid two eggs from which the children hatched. In other versions, Helen is a daughter of Nemesis, the goddess who personified the disaster that awaited those suffering from the pride of Hubris. Thanks to the literary renditions of Ovid and Fulgentius it was a well-known myth through the Middle Ages, but emerged more prominently as a classicizing theme, with erotic overtones, in the Italian Renaissance. In the Yeats version, it is subtly suggested that Leda was traumatized by what the swan has done to her.[7]

7) 이 신화의 영문내용은 wikipedia에서 인용함.

3. 3연에서 ABAB CDCD 이후 각운이 와해되는 양상이 보이는데, 만약 예이츠가 각운을 그대로 유지했다면 어땠을까? 11행의 "dead"와 15행의 "drop"에 관심을 기울이면서 각운의 붕괴와 시적 의미 사이의 관계를 분석해 보자.

에밀리 디킨슨(Emily Dickinson) 역시 압운법을 효과적으로 활용하여 독자들에게 '사교 활동'에 대한 자신의 속마음과 '자발적 고립'을 선택한 자신의 굳건한 의지를 간접적으로 전달하며 이해를 구하는 태도를 드러낸다.

The Soul selects her own *Society*[8] —
Then — shuts the *Door* —
To her divine *Majority* —
Present no *more* —

Unmoved — she notes the Chariots — *pausing* —
At her low *Gate* —
Unmoved — an Emperor be *kneeling*
Upon her *Mat* —

I've known her — from an ample[9] *nation* —
Choose *One* —
Then — close the Valves of her *attention* —
Like *Stone* —

8) a large group of people who live together in an organized way or high society that consists of people who are rich, powerful, and fashionable

9) more than enough

1. 이 시에서 사용된 각운의 종류를 찾아보자.

2. 이 시에서 "She," "an emperor," "One"은 각각 누구인가?

3. 마지막 연에 사용된 One과 Stone이 형성하는 어긋음 각운은 시의 의미를 전달하는데 어떤 효과를 내고 있는지 논의해 보자.

두 번째로 흔히 쓰이는 압운법으로는 요운**(Internal rime)**이 있다. 각운과 달리, 요운은 각 시행의 마지막 단어의 모음과 자음 쌍의 진행에 적용하지 않고 각 시행의 허리 부분에 위치하는 단어들의 모음과 자음의 쌍의 화응에 적용한다. 가령, 월래스 스티븐스(Wallace Stevens)의 「소나무 숲속 밴텀 닭」(Bantams in Pine-Woods)에는 요운의 사례들이 두드러진다.

Chief*tain* Iffu*can* of Az*can* in caf*tan*
Of *tan* with henna[10] hackles,[11] halt!

10) a reddish-brown dye that is made from the leaves of a shrub

11) any of the long slender feathers on the necks of pooultry and other birds

Damned universal cock, as if the sun
Was blackam*oor*[12] *to bear your* blazing[13] tail.

Fat! Fat! Fat! Fat! I am the personal.
Your *world* is you. I am my *world*.

You tcn-foot poct among *inchlings*.[14] Fat!
Begone! An *inchling bristles*[15] *in these pines,*

Bristles, and points their Appala*chian* tangs,[16]
And fears not portly[17] Az*can* nor his hoos.[18]

1. 이 시에서 사용된 Internal rime의 예들을 찾아보고, 그 효과를 논의해 보자.

2. Chieftain은 누구인가?

3. 3연에서 단어의 반복은 어떤 효과를 내는가?

4. 3연의 2행에서 'your world is you. I am my world'는 무슨 의미인가?

---

12) a person with dark skin or a black African

13) very bright and hot

14) something/ some people who are trivial, unimportant, and insignificant in a negative way

15) short, stiff hairs of a brush or a hedgehog

16) a strong, sharp smell or taste

17) stout or a bit fat

18) a plural form of She.

5. 이 시에는 자음 반복, 모음 반복이 많아서, 상대적으로 시끄러운 시처럼 들리는데 그것이 시의 메시지 전달을 방해하는가?

6. 이 시에서 각운법을 사용하지 않은 것이 시의 의미 형성에 있어서 어떤 효과를 내는지 생각해 보자.

다음은 애드가 앨런 포우(Edgar Allan Poe)의 유명한 시 「까마귀」(The Raven)의 일부이다. 주어진 부분의 시행들을 읽고, 특정한 음보격과 압운법이 이루어 내는 소리의 패턴의 진행과 변화의 양상들을 점검해 보자.

Once upon a midnight dreary,[19] while I pondered, weak and weary,
Over many a quaint[20] and curious volume of forgotten lore[21]—
While I nodded, nearly napping, suddenly there came a tap-

19) boring and making you feel unhappy

20) old-fashioned but attractive

21) traditional knowledge and stories about a subject

ping,
As of some one gently rapping, rapping at my chamber door.
"'Tis some visitor," I muttered, "tapping at my chamber door—
Only this and nothing more."

Ah, distinctly I remember it was in the bleak December;
And each separate dying ember wrought its ghost upon thc floor.
Eagerly I wished the morrow;—vainly I had sought to borrow
From my books surcease of sorrow—sorrow for the lost Lenore—
For the rare and radiant maiden whom the angels name Lenore—
Nameless here for evermore.

And the silken, sad, uncertain rustling of each purple curtain
Thrilled me—filled me with fantastic terrors never felt before;
So that now, to still the beating of my heart, I stood repeating
"'Tis some visitor entreating entrance at my chamber door—
Some late visitor entreating entrance at my chamber door;—
This it is and nothing more."

1. 이 시에서 사용되는 End rime과 Internal rime의 예들을 찾아보자.

2. 포우가 Internal rime을 이용하여 시의 분위기를 주도하고, 의미를 강화시키는 효과를 거두는 양상을 논의해 보자.

3. 소리를 통해 드러나는 화자의 심리적 변화를 논의해 보자.

4. 각 연에서 반복되는 'Nevermore'의 의미는 무엇일까?

5. 각 연에서 Nevermore가 말해지는 양상을 상상해 보고, 그 의미가 계속 변화하는 이유는 무엇일까?

6. Raven은 과연 무엇을 상징하는 것일까?

7. Raven이 화자의 마음을 대변하는 상징이라면 어떤 마음을 구체화 하는 객관적 상관물(objective correlative)[22]일까?

이제, 리드미칼한 음보와 압운법 이외에 시인이 음악적 흐름을 위해 소리의 패턴을 구성할 때 사용하는 또 하나의 중요한 기법인 **자음 반복(Alliteration)과 모음 반복(Assonance)**를 이해해 보자. 시인들의 경우, 일상어의 자음반복, 모음반복, 강세와 약세 반복을 창의적으로 사용하여 독자들로 하여금 시의 운율감을 음미할 수 있게 하는데, 가령, "Peter Piper picked a peck of pickled peppers"의 경우, 'p'소리의 경쾌한 반복은 탱글탱글한 고추절임이 사각사각 씹히는 속도감과 입안에서 터지는 강렬한 맛을 실감나게 해 준다. 로버트 헤릭(Robert Herrick)의 「줄리아의 목소리에 대해 말하자면」(Upon Julia's Voice)을 예로 들어 소리와 의미의 유기적 통합을 이해해 보자.

> So smooth, so sweet, so silv'ry is thy voice,
> As, could they hear, the damned would make no noise,
> But listen to thee (walking in thy chamber)
> Melting melodious words, to lutes of amber.

---

22) "Objective Correlative"는 엘리엇이 발전시킨 문학 용어로서 설명할 수 없는 복합적인 생각, 반응, 감정, 느낌, 분위기를 상징하는 구체적인 물체를 의미한다.

1. 이 시에서 자음 반복과 모음 반복의 예를 찾아보자.

2. Julia가 노래를 하고 있는 것인가 말을 하고 있는 것인가? 그것을 어떻게 알 수 있는가?

3. 2행은 시 전체의 소리 구조에서 다소 어울리지 않는 것처럼 보인다. 그 점이 시 전체에서 어떤 효과를 거두고 있는가?

골웨이 킨넬(Galway Kinnell)의 「블랙베리 먹기」(Blackberry Eating) 역시 자음 반복과 모음 반복이 두드러진 시인데, 이를 통해 킨넬은 블랙베리를 먹는 것과 시를 쓰는 것 사이의 유비하여 속마음을 드러내고 있다. 하지만, 그러한 소리의 미학을 이해하지 못한다고 해도 독자들은 이 시를 큰 소리로 읽는 가운데 특정한 소리의 반복과 압운의 반복, 그리고 어휘와 시행에서 강약의 변화를 느끼는 것만으로도 충분히 운율감을 음미해 볼 수 있을 것이다. 동시에 킨넬이 처한 시 쓰기의 상황을 상상하고, 거기서 그가 느끼는 감정이 어떠할 지에 대해 어느 정도 짐작하고 공감할 수 있을 것이다. 그럼 이제 각자가 블랙베리를 먹을 때 느꼈던 감각들을 기억해 보고, 시인이 제시한 블랙베리 먹는 느낌과 비교해보고, 시인의 비유가 적절한 지, 그 효과성에 대해 판단해 보자.

I love to go out in late September
among the fat, overripe, icy, *black blackberries*
to eat *blackberries* for *breakfast*,
the stalks very *prickly*,[23] a *penalty*
they earn for *knowing* the black art
of blackberry-*making*; and as I stand among them
lifting the stalks to my mouth, the *ripest berries*
fall almost unbidden to my tongue,
as *words* sometimes do, certain peculiar *words*
like *strengths* or *squinched*,
many-*lettered*, one-*syllabled lumps,*
which I *squeeze, squnich*[24] *open, and splurge*[25] *well*
in the silent, startled, icy, black language
of *blackberry*-eating in late September.

1. 이 시에서 반복되는 소리 패턴의 예들을 모두 열거해 보고, 운율감이 주는 느낌이 어떠한지 말해 보자.

2. 각각의 반복되는 소리들, 반복되는 소리의 변화, 강약세의 변화, 시행의 변화를 통해서 시인이 시쓰기에 대해서 말하려고 했던 속마음은 어떤 것이었을지 말해보자.

3. 시인은 시쓰기를 블랙베리 먹기에 비유하고 있는데, 그 비유가 현실감이 있는가?

---

23) pointy, jaggy

24) to press together the features of the face or the muscles of the body

25) to spend a lot of money on buying goods, esperically expensive goods

마지막으로, 알프레드 로드 테니슨(Alfred Lord Tennyson)의 「광채가 성벽에 쏟아지네」(The splendor falls on castle walls)에서 자음과 모음이 반복하며 이루어 내는 소리의 미학이 시적 의미의 형성과 전달에 어느 정도로 효과적인지 생각해 보자.

The splendor falls on castle *walls*
    And snowy summits old in *story*;
The long light *shakes across the lakes,*
    And the wild cataract[26] leaps in *glory.*
Blow, bugle, blow, set the wild echoes *flying*,
Blow, bugle; answer, echoes, dying, dying, dying.

O, hark, O, hear! how thin and *clear,*
    And thinner, clearer, farther *going*!
O, sweet and far from *cliff and scar*
    The horns of *Elfland faintly blowing*!
Blow, let us hear the purple glens *replying,*
Blow, bugles; answer, echoes, dying, dying, dying.

O love, they die in yon rich *sky*,
    They faint on hill or field or *river*;
Our echoes roll from soul to *soul,*
    And grow *forever and forever*.
Blow, bugle, blow, set the wild echoes *flying,*
And answer, echoes, answer, dying, dying, dying.
(from "The Splendor Falls on Castle Walls")

---

26) a large waterfall

1. 이 시에서 사용된 alliteration와 assonance를 찾아보자.

2. 이 시에서 사용된 internal rime과 end rime을 찾아보자.

3. 이 시에서 다음 그림에서 보이는 bugle의 소리와 그 공명 (echo)에 대해 상상해 보자.

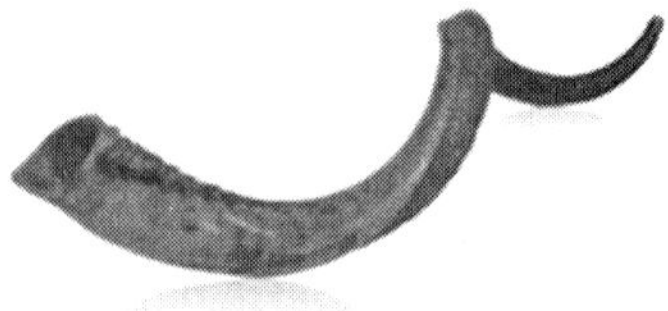

이어서, 테니슨이 이 시에서 소리의 패턴과 의미를 형성해 나가는 유기적 관계에 대해 논의해 보자.

지금까지 시인이 시어의 배열과 소리의 패턴을 창의적으로 구성하여 시의 가상세계에 자연스런 소리들을 입히는 방식에 대해 살펴보았다. 음보의 리드미컬한 진행, 각운과 요운이 자아내는 소리의 공명, 그리고 자음과 모음의 반복이 단어들의 사이사이를 채워 넣는 풍성한 소리들을 모두 주의깊게 고려하며 시의 소리 구조를 파악하는 방법을 한마디로 '운율 혹은 소리 구조 파악법'(scansion)이라고 하는데, 아무리 소리의 구조와 흐름의 음악적 효과가 뛰어난 시라고 할지라도 역시 우리가 대화를 할 때의 말하기 방식과 시에서 소리의 패턴으로 구현된 말하기 방식에는 차이가 있을 수밖에 없다. 게다가 한국어와 영어의 소리 패턴이 다르다는 기본적인 언어의 장벽을 앞둔 우리에게 영시를 큰 소리로 읽으며 운율을 파악하고 그 뜻을 새기며, 그 유기적 화합을 감상하는 작업은 정말 어려운, 혹은, 거의 불가능한 일이라고 할 수 있다. 그러므로 입문자의 단계에서는 영시를 감상할 때 어쩔 수 없이 절반의 즐거움에 해당하는 소리의 맛은 포기할 수밖에 없을 지도 모른다. 그럼에도 불구하고, 포기하지 않고 영시에서 소리의 맛을 감상하는 법을 배우고, 연습해서, 익숙해지면, 나중에 어느 순간 그 입문자는 어떠한 소리의 패턴에도 매우 자연스럽게 반응하며 영시의 맛을 감상하게 될 수 있을 것이다.

제 4장
심상들 (Imagery)

우리는 흔히 시인이 사용하는 시각, 청각, 미각, 후각, 촉각과 관련된 심상들을 '이미지' 혹은 '심상'이라고 부른다. 하지만 시의 기법으로서 이미지는 보통 명사로서 개인이 느끼는 감각적 이미지(an image)를 의미할 뿐이며, 이런 저런 이미지들을 모두 포함하여 지칭하는 용어로는 '이미저리'(Imagery)라는 표현을 사용한다. 이미저리는 언어의 묘사적 사용법과 관련이 있으며, 시인이 언어로 지어놓은 가상의 세계가 현실세계만큼이나 다채로운 이미지들을 포함하고 있다는 점을 제시해 준다. 독자들은 오감을 모두 활용하여 상상의 정원에 있는 누꺼비가 얼마나 진짜 같은지 체험할 순비를 하고 각각의 이미지들을 곰곰이 음미하면 되는 일이다.

하지만, 이미저리는 시인에게 혹은 문학가에게만 유용한 기법이라고 할 수는 없다. 사실상 우리들 역시 현실 생활에서 다양한 종류의 이미지들을 활용하여 우리가 말하고자 하는 메시지나 감정, 의견, 반응 등등을 다른 사람들에게 전달하고 있으니 말이다. 그 각각의 예는 다음과 같다.

1) 시각 이미지(visual image)는 푸른 하늘, 빨간 장미, 노란 국화, 초

록 잔디 등등 색채와 관련된 감각들을 묘사하기 위해 사용된다. '구름이 몽글몽글 피어 오른다' 혹은 '깃발이 펄럭거린다'처럼 어떤 동작 역시 시각적인 이미지를 사용하여 표현하기도 한다.

2) 청각 이미지(auditory image)는 '동전이 짤랑짤랑,' '마른 잎사귀가 바스락 바스락,' 날개를 '푸드덕'처럼 소리와 관련된 감각들을 묘사하기 위해 사용된다.

3) 미각 이미지(gustatory image)는 '딸기 잼의 달콤함,' '시큼한 우유,' '쓴 약'처럼 맛과 관련된 감각들을 묘사하기 위해 사용된다.

4) 후각 이미지(olfactory image)는 '파김치를 먹으니 마늘 냄새가 난다,' '방안에서 퀴퀴한 냄새가 난다,' '땀 냄새가 진동한다'처럼 냄새와 관련된 감각들을 묘사하기 위하여 사용된다.

5) 촉각 이미지 (tactile image)는 '물이 너무 차서 따갑다,' '손이 나무껍질처럼 거칠다,' '먼지에 눈이 따끔거린다,' '표면이 미끌거린다' 등등 촉감과 관련된 감각들을 묘사하기 위해 사용된다.

이처럼 우리의 오감을 자극하는 이미저리는 시인을 포함한 모든 장르의 문학가들이 작품에서 구현하는 가상 세계의 분위기, 가상 인물이나 소재의 구체성과 현실감을 전달하고자 매우 애용하는 기법이다. 또 어떤 이미지가 반복적으로 등장할 때 그것은 작품의 주제를 드러내는 상징으로 사용되기도 하는데, 가령, 윌리엄 포크너의 단편소설 「에밀리에게 장미를」(A Rose for Emily)에서 '냄새'라는 후각 이미지는 다양한 종류의 냄새로 변주되며 에밀리의 사랑이 낭만적 사랑에서 점차 기괴한 집착으로 변질되어 살인으로 퇴색되는 과정을 상징적으로 드러낸다. 윌리엄 셰익스피어의 비극 「맥베스」에서 반복적으로 등장하는 천둥과 번개의 시청각 이미지는 맥베스의 왕위찬탈을 둘러싼 잔인한 혈투뿐만 아니라 그 과정에서 겪게 되는 인생의 파란마저 예고하며 중요한 상징으로 기능한다.

이제 구체적으로 각각의 시에서 사용된 심상들을 파악하고 그것들이 시인이 말하고자 하는 바를 효과적으로 전달하고 있는지, 독자들에게 현실감을 주고 공감을 불러일으키는지 생각해 보자.

Blue Girls
by J. C. Ransom

Twirling your blue skirts, traveling the sward
under the towers of your seminary,
go listen to your teachers old and contrary
without believing a word.

Tie the white fillets then about your lustrous hair
and think no more of what will come to pass
than bluebirds that go walking on the grass
and chattering on the air.

Practice your beauty, blue girls, before it fail;
And I will cry with my loud lips and publish
Beauty which all our power shall never establish,
It is so frail.

For I could tell you a story which is true:
I know a lady with a terrible tongue,
blear eyes fallen from blue,
all her perfections tarnished—and yet it is not long
since she was lovelier than any of you.

1. 이 시에서 주로 사용되는 이미지는 무엇인가?

2. blue girls 와 blue birds는 어떤 점에서 비교될까?

3. a lady는 누구일까?

4. 화자는 누구일까?

5. 화자가 마지막 연에서 들려주는 이야기가 'true'하다고 동감하는가?

다음으로 에즈라 파운드 역시 추운 겨울 바다를 헤치고 나가느라 고군분투하는 여행객의 심사를 전달하기 위하여 심상들을 실감나게 사용하고 있다.

from "The Seafarer"
by Ezra Pound

List how I, care-wretched, on ice-cold sea,
Weathered the winter, wretched outcast
Deprived of my kinsmen;
Hung with hard ice-flakes, where hail-scur flew,
There I heard naught save the harsh sea

And ice-cold wave, at whiles the swan cries,
The mews' singing all my mead-drink.
Storms, on the stone-cliffs beaten, fell on the stern
In icy feathers; full oft the eagle screamed
With spray on his pinion.

1. 이 시에서, 'Hard-ice flakes," "ice-cold wave," and "icy feathers," "spray"는 모두 바다 항해를 하는 항해자가 느끼는 추위를 전달하는 이미지이다. 어떤 종류일까?

2. 'Stone-cliffs"는 어떤 이미지인가?

3. "swan cries," "mew's singing," "eagle screamed"는 어떤 이미지이며 항해자의 심리에 어떤 효과를 강조하는가?

칼 샌드버그는 다음의 시에서 귀뚜라미가 겨울철이 시작되기 전 마지막으로 부르는 노래를 소재로 삼아 계절의 바뀜, 시간의 흐름에 대한 상념을 전달하고 있다.

Splinter
by Carl Sandburg

the voice of the last cricket
across the first frost
is one kind of good-by
it is so thin a splinter[1] of singing

---

1) a very thin, sharp piece of wood, glass, or other hard substance, which has

1. 여기서 주로 사용되는 이미지는 무엇이고, 어떤 효과가 있는가?

2. 귀뚜라미의 노래와 약한 가시는 어떤 면에서 유사한가?

3. 귀뚜라미와 겨울은 상징으로 기능한다. 우리 인생에 대입해서 그 의미를 생각해 보자.

다음의 시에서 예이츠는 인생에서 어느 정도 업적을 이루고 노년기에 접어든 화자의 심정을 드러내기 위해 다음의 시에서 심상을 적절하게 활용하고 있다.

from "**Sailing to Byzantium**"
by W. B. Yeats

An aged man is but a paltry thing,
A tattered coat upon a stick, unless
Soul clap its hands and sing, and louder sing
For every tatter in its mortal dress,
Nor is there singing school but studying
Monuments of its own magnificence;
And therefore I have sailed the seas and come
to the holy city of Byzantium.

1. 이 시에서 사용되는 주된 이미지는 무엇인가?

2. 시인이 소통하고자 하는 화자의 심정에 어느 정도로 공감이 가는가?

---

broken off from a larger piece.

3. 비잔티움은 상징으로 기능한다. 어떤 의미를 가지는지 상상할 수 있는가?

영시를 감상하는데 있어서 '심상'을 이해하는 것이 중요한 것은 '심상'(心象)의 문자 그대로의 의미가 '감각기관의 물리적 자극이 없어도 의식에 떠오르는 모양이나 그림'을 의미하기 때문이다. 그만큼 시인들은 시와 그림 사이의 유사성에 대해 극히 자연스러운 현상으로 여기고 있었으며 호러스는 「시의 기법」에서 *Ut Pictura Poesis*라는 라틴어를 사용하여 시의 심상을 창작할 때 "그림을 그릴 때처럼 시에서도 그러하다"(as is painting so is poetry)라고 설명하였다.

> Poetry resembles painting. Some works will captivate you when you stand very close to them and others if you are at a greater distance. This one prefers a darker vantage point, that one wants to be seen in the light since it feels no terror before the penetrating judgment of the critic. This pleases only once, that will give pleasure even if we go back to it ten times over.

위의 인용문에서 제시되듯이 호러스는 명백히 시인들이 화가의 기법을 사용할 때 얻는 것이 많을 것이라고 생각했던 것 같다. 호러스 시대 이후로도 지속적으로 시의 심상과 회화의 심상 사이의 유비 관계가 논의되었으며, 이제 우리는 시와 회화를 구분하는 것이 그저 문자적 의미밖에 없다는 생각이 들 만큼 이미저리의 기법이 중요해진 ICT 증강현실의 시대에 살고 있다.

제5장
언어의 비유법(Figures of Speech) : 은유법(Metaphor)과 직유법(Simile)

일상적인 환경에서 우리는 보통 구어체 입말을 사용하지만 시를 읽을 때만큼은 시인이 사용하는 전문적인 시어가 있을 거라고 기대한다. 이러한 기대감은 아마도 전문가 시인이라면 우리가 일상적으로 쓰는 보통 말과 글이 아닌 특별한 말과 글을 사용해서 특별하게 말재주를 보여줄 수 있을 것이라는 선입견에서 기인하는 지도 모르겠다. 하지만 사실 '보통 사람'에 불과한 우리들이지만, 대부분은 일상생활에서 감성이 담긴 시적인 표현을 종종 사용하고, 비유법도 흔히 사용한다. 가령, 우리가 "햇살이 따사롭게 비치는 밝은 날"이라고 말할 때, 우리는 이미 무의식적으로 비유법을 사용하고 있다. "햇살"의 경우, 햇빛이 사방으로 퍼져 비치는 모습 자전거 바퀴의 '살'에 비유하는 표현으로서 맥락에 따라 은유법 혹은 직유법에 해당하니까 말이다. 또, 우리가 흔히 "네 말이 가슴에 비수처럼 꽂혀"라고 말할 때, 우리는 상처를 주는 심한 말을 날카로운 단검에 비유하는 직유법을 사용하여 상대방에게 상처받은 감정을 전달하고자 한다. 또, 흔히 사랑하는 대상에게 우리는 "너는 나의 초콜릿"이라고 말하며, 상대방의 존재를 달콤한 물건에 비유하는 은유법을 사용하여 상대방에게 사랑의 마음을 간접적으로 알리고자 한다.

보통 사람인 우리들이 이런 식으로 비유법을 사용하여 우리의 생각과 감정을 소통하고 살아가는 것처럼, 사실상 인간 존재와 인간이 사는 세상에 대해 객관적인 관찰과 증명할 수 있는 사실만을 말하고자 하는 과학자들도 예외 없이 그들이 관찰하고 검토한 사실에 대해 비유법을 사용하여 소통하곤 한다. 가령, 아인쉬타인(Albert Einstein)은 "순수 수학은, 그 자체의 방식으로, 생각들을 논리적으로 배열한 시이다"(Pure mathematics is, in its way, the poetry of logical ideas)라고 은유법을 사용하여 표현하며, 가장 객관적인 수학 역시 논리적 사유를 소통하기 위해서 비유법에 의존할 수밖에 없음을 인정하였다. 그렇다면, '말하는 방법' 혹은 '감정을 소통하는 방법'을 집중적으로 연구하는 전문 시인들은 어떠할까? 아마도, 그들은 우리 보다 훨씬 창의적이고, 놀랍고, 기지 넘치고, 선명한 심상을 떠오르게 하는 비유법을 사용할 수 있을 것이라고 예상할 수 있다. 가령, 엘리엇은 "불안감은 창의성의 시녀이다"(anxiety is a hand maiden of creativity)라고 은유법을 사용하여 매우 신박하게 표현하여, 일반적으로 독자들이 불안감에 대해 가지는 부정적이고 우려 섞인 태도를 지양하는 동시에, 그들에게 불안감을 잘 활용하면 역으로 그 불안감을 해소시키려는 욕구 때문에 다양한 창의적인 발상을 불러일으킬 수 있다는 긍정적인 전망을 제시하였다. 또 샌드버그(Carl Sandberg)는 "시간이란 한 평생 사용할 동전이다"(Time is the coin of your life)라고 은유법을 사용하여 표현하면서 독자들에게 그들의 시간을 헛되게 낭비하거나 타인이 그들의 시간을 갈취하지 않도록 조심해야 한다는 메시지를 매우 구체적이고 실감나게 표현하였다.

이런 의미에서, 필자는 독자들이 시를 감상하고자 할 때, 시인이 일상생활이나 자연에서 마주치는 두 가지의 사물이나 개념들을 어떤 창의적인 방식으로 연결시켜 독자들의 눈앞에 그가 바라보는 물상들을 '자연스럽게, 구체적으로, 실감나게' 떠오르게 하는지 파악하고, 그때 촉발되는 감정들에 대해 분석하는 작업을 해 볼 것을 제안한다. 비유적 표현은 시인의 창작 능력을 반영하는 중요한 기법으로서, 때때로 독자들이 시 전체를 이해하지 못하더라도 비유법 하나만 감상할 수 있었다면 그것만으로도 충분하다고 할 수 있을 정도로 한 시인의 정체성을 뚜렷하게 드러내는 시그니처가 되기도 하기 때문이다. 가령, 프로스트는 "시란 목구멍으로 차오르는 어떤 [감정의] 덩어리로 시작한다. 그것이 불의에 대한 분노이든, 고향 집에 대한 그리움이든, 사랑하는 님으로 인한 고통이든"(A poem begins as a lump in the throat, a sense of wrong, a homesickness, a lovesickness)이라고 말하였다. 즉, 시인이 시를 쓰는 순간은 일반적으로 강력한 감정의 태풍 속에 있는 상태라고 할 수 있지만, 이때 시인은 자신이 느끼는 감정의 소용돌이에 휘말리지 말고 오히려 태풍의 눈을 찾아 들어가 그 역설적인 고요함 속에서 감정의 격류를 바라보며 사유를 하고, 그 사유를 표현하기에 딱 들어맞는 비유를 찾아내어 언어로 배열하는 작업을 해내야 한다는 것이다. 프로스트의 주장을 평범한 언어로 독자들의 입장에서 재해석하자면, 우리가 처음 개업한 음식점을 들어가면 의례히 그 집의 주방장의 손맛을 평가하고 다음에 또 찾아올지 말지를 생각해 보는 것처럼, 처음 시를 읽고 시인을 만나는 순간 역시 그 시인이 어떤 어휘들을 선택하여 어떤 비유적 표현으로 적절하게 버무렸는지를 파악하고, 분석하고, 그 맛을 감상하면서 시의 맛이 있는지, 없는지를 독자들의 수준에서 각자의 취향에 따라 평가해 낼 수 있다는 것이다. 물론 독자들의 취향과 입맛이 각양각색이어서 평가가 다양하게 만들어지듯이, 하나의 비유적 표현에 대한 평가 역시 재미있는지, 지루한지, 그저 우리도 생각해 낼 수 있는 정도로 평범한지, 각각 평가가 달라질 수 있다는 점을 잊어서는 안 될 것이지만 말이다.

그렇다면 시인의 창의적 역량을 평가하기 위해 매우 중요한 기법 중의 하나인 비유적 표현을 평가할 때 독자들이 관심을 가져야 할 세부 요소들은 주로 어떤 것들이 있을까? 가장 흔하게 은유적 표현과 직유적 표현을 생각해 볼 수 있다. 은유법은 주로 "A는 B이다"의 식으로 구성된 표현에서 사용되고 있으며, 직유법은 "A는 B처럼" 혹은 "마치 A는 B와 같이"의 식으로 구성된 표현에서 사용된다. 우선, 은유법과 직유법의 가장 큰 차이를 보자면, 1) 직유법에서는 거의 언제나 "like, as, as if, than"과 같은 연결사(connective)가 사용되거나 "looks like, resembles, appears, seems like"와 같이 "유사하다"라는 뜻을 지닌 동사가 사용된다. 반면에 은유법은 이러한 연결사가 사용되지 않는다. 2) 두 번째로 은유법은 유비관계에 놓이는 두 가지 대상이 분류법(category, kind) 상 차이가 없는 반면, 직유법은 두 가지 사이에 분류법상의 차이가 있어야 한다. 즉, 서로 다른 것이어야 한다. 3) 세 번째로, 은유법은 간접 은유(implied metaphor)의 형식으로 변용되기도 하지만, 직유법은 언제나 연결사를 사용하는 형식으로만 표현된다. 가령, '논쟁을 할 때 그 사람은 호랑이 같아'라고 말할 때와 '논쟁할 때 그 사람은 호랑이였어'라고 말할 때, 분명히 화자는 의식적으로 혹은 무의식적으로 의미의 미세한 차이점을 청자에게 전달하고자 하는 의도를 가지고 있는 것이다. 직유의 경우 그 사람과 호랑이라는 다른 종류에 속한 두 존재 사이의 유사점에 초점을 맞추고 있으므로 논쟁의 상황 자체가 무시무시하거나 논쟁자가 지닌 분위기가 강력하면서 미묘한 공격성을 띠고 있다는 점을 제시하는 반면, 은유의 경우, 논쟁자 자체에 초점을 맞추면서 논쟁자가 매우 공격적이었거나 인정사정 보지 않았다는 점을 제시하게 된다.

시인이 은유법과 직유법을 사용하여 '독자들에게 말하기' 혹은 '독자들과 소통하기'를 하려는 가장 큰 목적은 기본적으로 '시'라는 예술 장르는 언어를 매개체로 시인과 독자들이 인간의 존재성, 사회적 관계, 삶의 희로애락, 세계관 등등에 대한 강력한 감정과 진지한 사유를 공유하는 것을 주된 목적으로 삼기 때문이다. 일찍이 아리스토텔레스의 주장에 의하면, 비유적 표현이란 실제 의미에서 떼었다가 붙였다 해도 상관이 없는 단순히 장식물이 아니라 우리가 일상적으로 정보를 처리하는 방식을 반영하기 때문에 지적 사유의 과정에 필수적인 영향을 끼친다고 하였다. 이 말을 가만히 생각해 보면, 참으로 일리가 있다고 생각된다. 우리가 일상생활에서 새로운 정보를 접하게 될 때 우리는 이미 우리가 알고 있는 정보와 새로운 정보 두 가지를 비교하고 대조하면서 새로운 깨달음을 얻고 지적인 성장을 이루게 된다. 그렇다면, 마찬가지 방식으로, 새로운 시를 읽을 때에도 우리는 우리가 이미 알고 있는 실제 삶과 희노애락과 시에서 그려지는 가상의 삶과 희로애락을 비교하고 대조하면서 '산다는 것,' '인간이라는 존재,' '어떻게 살 것인가' 등등에 대한 정보를 처리하고 새로운 깨달음을 얻으면서 지적인 성장을 하게 된다고 할 수 있다. 그러므로 시인은 비유적인 표현을 사용하여 독자들로 하여금 화자가 간접적으로 드러내는 속내와 감정을 추측해 보고, 그런 감정이 왜 일어났을까 생각해 보는 가운데 자기 자신의 삶과 인간관계와 신념 등등 추상적인 개념에 대해 생각해 보는 기회를 가지게 한다. 다시 말하여, 시인은 화자의 목소리를 빌어서 일단 독자들과 정서적으로 깊은 공감을 나누는 유대관계를 형성하고, 비유적 표현을 사용하여 독자들이 시에서 벌어지는 화자의 상황에 대해 구체적으로 상상하고 사유를 전개시켜 나갈 수 있도록 눈길을 끄는 시그널을 주고 있는 것이다.

그렇다면, 우리가 흔히 사용하는 직유법의 예들을 보자. '소처럼 일한다,' '돼지처럼 먹는다,' '얼음처럼 차갑다,' '번개처럼 빠르다,' '종잇장처럼 창백하다' 등등이 금방 생각나는 일상적인 직유법들이다. 하지만 시에서 화자가 '그녀의 미소는 고장 난 지퍼같았어'라는 표현을 말하는 것을 읽고 독자들이 그들의 의식 속에서 '그녀의 미소'를 상상할 때, 그들은 한 여자의 치아를 포함한 입술, 입꼬리, 입모양 모두를 구체적으로 상상한다. 동시에 미소와는 전혀 다른 종류인 고장 난 지퍼를 연상한 뒤, 두 사물 사이의 유사성에 대해 세밀하게 비교하고 따져보게 된다. 그런 과정에서 비로소 그들은 화자가 그녀의 미소에 대해 어떤 감정과 분위기를 전달하려는지 이해할 수 있게 된다. 때때로, 시인은 직유법이나 은유법을 이용하여 매우 반어적인 의미와 감정을 함축적으로 전달하기도 한다. 가령, '여자에게 남자가 필요하다는 말은 마치 물고기에게 자전거가 필요하단 말과 같지'라고 시인이 말할 때, 그 말은 결국 '여자에게 남자는 필요없다'는 반어적 의미를 가지며 전통적인 남녀관계에 대한 매우 냉소적인 태도를 전달하니 말이다. 결국 시인은 독자들에게 직설적으로 말하여 자신의 의견을 강요하기보다는 은유법이든 직유법이든 비유법을 사용하여 독자들과 함께 일차적으로 언어유희를 즐기고, 그들에게 간접적으로 자신의 생각을 전달하여 점진적으로 이차적인 지적인 사유의 즐거움을 공유하고 싶은 것이다. 이때 시인이 유비관계에 놓아두는 두 가지 재료의 신선도와 요리방식에 따라 언어유희의 참신한 맛과 지적 유희의 효과가 극대화될 수 있다. 만약 독자들이 어떤 시인이 사용한 비유적 표현을 맛을 보고 '아, 이건 예술이야'라고 자연스럽게 무릎을 치며 감탄했다면, 그 시는 예술성이 매우 높다고 평가받을 수 있을 것이다.

이제 이러한 점들을 염두에 두고 은유법과 직유법의 예제들을 살펴보자. 가령, 『원하실 대로』(As You Like It)에서 셰익스피어는 자신이 등장인물을 통해 말하는 인생의 측면이 독자들 모두에게 '진리'로 수용될 수 없다는 점을 염두에 두고 가능한 한 많은 독자들로부터 공감을 얻기 위해 다음과 같이 은유법을 사용하고 있다.

from **As You Like It**
by William Shakespeare

All the world's a stage,
And all the men and women merely players;
They have their exits and their entrances

1. 사실 '세상'과 '무대'는 서로 다른 종류이고 유비관계가 가능하므로, '세상은 무대 같아'라고 직유법으로 사용할 수 있는데, 셰익스피어가 굳이 '세상은 무대야'라는 은유법을 사용하여 인생에 대한 진리를 전달하고자 했던 이유는 무엇일까?

2. 셰익스피어가 직유법 보다 은유법을 사용한 점이 작품의 예술성을 더욱 극대화 하는지, 아닌지 논의해 보자.

다음의 시에서 테니슨은 독수리의 자태와 그것을 바라보는 자신의 감상을 전달하기 위해 의인법, 직유법, 간접 은유법을 사용하고 있다. 이미 독자들도 잘 알고 있듯이, 의인법(personification)은 자연 현상, 사물, 혹은 동식물을 인간에 비유하는 수사법으로서 일상생활에서 흔히 사용되는 수사법이다.

The Eagle
by Alfred L. Tennyson

He clasps the crag[1] with crooked[2] hands;
Close to the sun in lonely lands,
Ringed with the azure[3] world, he stands.

The wrinkled sea beneath him crawls;

1) a cliff

2) bent, twisted

3) sky-blue

He watches from his mountain walls;
and like a thunderbolt he falls.

1. 각각의 비유법이 적용된 표현들을 찾고 유비관계를 맺는 두 가지 정보를 분석해 보자.

2. 각각의 비유법은 우리도 흔히 사용하는 표현들이지만, 테니슨이 사용한 방식은 독수리와 주변 사물들 사이의 관계를 극대화시키고 있다. 테니슨의 방식이 효과적이면서 예술적인 이유는 어떤 이유에서 일까?

3. 독수리가 어떤 인간을 상징한다고 본다면 그가 사는 세계는 어떠하며, 그의 세계관은 어떠할 것이라고 추측되는가?

4. 독수리의 삶 혹은 독수리로 대변될 수 있는 삶 혹은 인생을 여러분은 자신의 삶/ 인생의 모델로 삼고 싶은가?

다음의 시에서 플라스는 「은유법」이라는 시 제목에 걸맞게 은유법을 주로 사용하여 화자가 스스로의 상태에 대해 느끼는 모호한 심리를 전달하고자 한다.

Metaphors
by Sylvia Plath

I'm a riddle in nine syllables,
An elephant, a ponderous[4] house,

4) very serious, very bid, and rather dull

A melon strolling on two tendrils.[5]
O red fruit, ivory, fine timbers![6]
This loaf's big with its yeasty rising.
Money's new-minted in this fat purse.
I'm a means, a stage, a cow in calf.
I've eaten a bag of green apples,
Boarded the train there's no getting off.

1. 위의 시에 사용된 은유법의 사례들을 모두 찾고 각각의 유비관계를 설명해 보자.

2. 각각의 사례들을 통해서 제시되는 화자의 심리 상태에 대해 논해 보자.

3. 화자가 말하는 9음절의 수수께끼는 결국 무엇인가?

4. 마지막 두 줄에서 화자의 목소리와 심경을 추측해 보고, 다양한 은유법들이 공감력을 높이는데 어느 정도로 기여하는지 논의해 보자.

다음의 소넷시에서 셰익스피어는 은유법과 직유법을 사용하여 '사랑하는 님'에 대한 속마음을 표현한다. 화자가 겉으로는 '내 님은 특별한 구석이 없다'는 식으로 말하다가 맨 마지막 두 줄에서 반전을 보

---

5) something light and thin, for example a piece of hair which hangs loose and is away from the main part.

6) wood used for building houses

인다는 점에 주의를 기울여 시를 읽어 보자.

Sonnet 130
by William Shakespeare

My mistress' eyes are nothing like the sun,
Coral is far more red, than her lips red,
If snow be white, why then her breasts are dun:
If hairs be wires, black wires grow on her head:
I have seen roses damasked,[7] red and white,
But no such roses see I in her cheeks,
And in some perfumes is there more delight,
Than in the breath that from my mistress reeks.
I love to hear her speak, yet well I know,
That music hath a far more pleasing sound:
I grant I never saw a goddess go,
My mistress when she walks treads on the ground.
And yet by heaven I think my love as rare,
As any she belied with false compare.

1. 이 시에서 사용된 은유법과 직유법의 사례들을 모두 찾고 유비 관계에 대해 설명해 보자.

2. 비유법의 사례들을 검토할 때 화자가 상대방에게 가지고 있는 마음은 무엇일까?

---

7) Rosa damascena, native to Asia and cultivated for its pink or red fragrant flowers, which are used to make the perfume attar

그는 과연 무정한 사람인가?

3. 비유법을 사용하여 화자가 결국 말하고자 하는 자신의 사랑 방식은 어떤 것인가?

4. 독자가 이 사랑시를 듣는 상대방이라면, 과연 화자의 독특한 사랑 고백을 듣고 어떤 반응을 보이겠는가? 더욱 감동할 것 같은가?

다음의 시에서 에밀리 디킨슨은 직유법을 사용하여 아침이 상징적으로 의미하는 희망에 대해 자신의 생각을 간접적으로 표현하고 있다.

Will there really be a morning?
by Emily Dickinson

Will there really be a morning?
 Is there such a thing as day?
 Could I see it from the mountains
 If I were as tall as they?
 Has it feet like water-lilies?
 Has it feathers like a bird?
 Is it brought from famous countries.

1. 이 시에서 사용된 직유법의 예들을 모두 찾아 두 가지 비교대상들 사이의 유사점에 대해 설명해 보자.

2. 디킨슨은 희망에 대해 어떤 태도를 가지고 있는 것일까? 희망이라는 것은 없다는 생각을 전달하는 것일까? 그녀가 말하는 희망

은 무엇일까?

3. 독자로서 본인이 가진 미래의 희망에 대해 직유법을 사용하여 표현해 보자.

다음의 시에서 예이츠는 비유법과 소리의 패턴을 이용하여 상대방에게 고백을 할까, 말까를 고민하는 청년의 심경을 드러낸다.

The Young Man's Song
by W. B. Yeats

I whispered, "I am too young,"
And then, "I am old enough";
Wherefore I threw a penny
To find out if I might love.
"Go and love, go and love, young man,
If the lady be young and fair,"
Ah, penny, brown penny, brown penny,
I am looped in the loops of her hair.

Oh, love is the crooked thing,
There is nobody wise enough
To find out all that is in it,
For he would be thinking of love
Till the stars had run away,
And the shadows eaten the moon.
Ah, penny, brown penny, brown penny,
One cannot begin it too soon.

1. 이 시에서 사용된 비유법을 모두 찾고 유비 관계에 대해 설명해 보자.

2. 이 시에서 들리는 소리의 패턴을 분석해 보고, 비유법과 소리의 패턴을 통해 시인이 '사랑'에 대해 말하고자 하는 진실에 대해 생각해 보자.

3. 과연 독자들이 화자의 상황에 처해있다면 어떻게 하겠는가? 동전 던지기로 결정하고 고백할 용기를 내겠는가? 아니면 우유부단한 상태에서 고민만 하고 있겠는가?

A Figurative Speech

***Definition:**

-A figure of speech is a phrase or word that has different meanings than its literal meanings. It conveys a subjective, personal meaning by comparing one thing to another. It is a way of connotation, that is, an indirect way of communication, familiar to the audience.

***Purpose:**

- to generalize a personal truth with a common sense.
- to sharpen one's imagination of the idea being told.
- to increase the persuasiveness of **each personal idea**
- to link a figure to other techniques (a figure/ an image/ a symbol/ Irony/ Paradox) to construct a logical sequence of a poetic truth/ message/ feeling in the process of communication

*** Kinds: Metaphor, Simile, Metonymy, Synecdoche, Personification, Overstatement, Understatement, Apostrophe, etc.**

*** Metaphor**

* **Definition**: Metaphor is a **figure of speech** that makes an implicit, implied, or hidden comparison between two things that are unrelated, but which share some common characteristics. In other words, a resemblance of two different objects is often made, based on a single or some common characteristics.

*** How to Identify a metaphor or an implied metaphor:**
Check out whether there is a Be-verb or not in a sentence.

cf) an Implied Metaphor

*** Activity**

1) Identify two ideas (a personal idea and a common sense) compared in the following sentences.
2) Explain the logic of comparison behind.
3) Evaluate the persuasiveness at the level of a poetic technique.

Examples:

• Love is a lemon either bitter or sweet.
• Her brother is boiling mad now.
• This assignment is a piece of cake.
• It is going to be a breeze from now on.
• The skies of his future began to darken.
• Her voice is music to his ears.
• They saw the soul of dust when passing through the dust storm.

- Chaos is the breeding ground of order.
- Death is the mother of beauty.
- His dance is a great poem.
- A road to new life passes through the valley of death.
- He married her to have a trophy wife.
- Laughter is the best medicine.
- Words are daggers when spoken in anger.
- His words are pearls of wisdom.
- Her mouth was a fountain of delight.
- Love is a fragile flower.

***Famous Quotes**:

- Art washes away from the soul the dust of everyday life. Pablo Picasso
- Conscience is a man's compass. Vincent Van Gogh
- Chaos is a friend of mine. Bob Dylan
- All religions, arts and sciences are branches of the same tree. Albert Einstein

* **Simile**
* **Definition**: A simile is a figure of speech that makes a comparison, showing similarities between **two different things in kind**. It always involves a direct comparison.

* **How to Identify a simile**:
Check out whether there is a connective (**as, like, less-than, as-as, as if**) in a sentence.

*** Activity**

1) Identify two ideas (a personal idea and a common sense) compared in the following sentences.
2) Explain the logic of comparison behind.
3) Evaluate the persuasiveness at the level of a poetic technique.

Examples:

- Peter is as slow as a snail.
- Our warriors are as brave as lions.
- Her cheeks are red like a rose.
- John is as funny as a monkey.
- The water well was as dry as a bone.
- Frank is as cunning as a fox.
- Ted is rash like a fire.
- The glow of the tube-light was as bright as sunshine.
- At exam time, most college students are as busy as a bee.
- The beggar in the street appeared as blind as a bat.
- When the interview finished, the candidate felt as light as a feather.
- When she entered the class, her students were fighting like cats and dogs.
- He said the friendship of the two universities was as deep as an ocean.
- Mike remained as cool as cucumber.
- Billy slept like a log that night.
- The audience watched his spellbinding dance as quietly as mice.
- The young athlete looks as strong as an ox.
- The history test was as tricky as a labyrinth.
- The children in the playing field were feeling as happy as dogs.
- The day of the Lord will come just like a thief in the night

제 6장
기타 비유법들

은유법, 직유법, 그리고 의인법 이외에도 시인이 독자들의 의식에 소재에 대한 심상이 자연스럽게, 생생하게 떠오르도록 사용하는 다양한 비유법들이 있다. 모두 다 언급할 수는 없으므로 독자들에게 친숙한 비유법들에 대해 조금 더 알아보기로 하자.

1. 제유법(Synecdoche)과 환유법(Metonymy)

제유법은 일부를 사용하여 전체를 언급하는 수사법이다. 일상생활에서 우리는 흔히 '일손이 부족해'라고 말하여 '일을 도와줄 사람'을 의미한다. 또, 친구에게 '귀 좀 빌려줘'라고 말하여 '내 말을 들어줄 사람'을 의미한다. 환유법 역시 일부를 사용하여 전체를 언급한다는 점에서는 제유법과 비슷하지만, 일부에 해당하는 표현이 우리가 전달하고자 하는 의미를 상징적으로 대변한다는 점에서 차이점을 가지고 있다. 가령, 우리는 '대통령'을 의미하고자 할 때, 대통령의 신분과 위엄 상 그/그녀를 직접 언급하기 보다는 그/그녀가 머무는 거처인 '청와대'를 사용하여 '대통령'의 언행, 의중을 전달하곤 한다. '여왕'이나 '왕' 대신 '왕관'을 사용하고, 미국의 대통령과 프랑스의 대통령을 대신하여 '백악관' 혹은 '엘리제궁'이라는 표현을 사용하는 것도 같은 이치에서 이다. 이 외에도 일상생활에서 흔히 사용되는 제유법의 예로는 '백발' (늙은 사람), '돛대'(배), '콜라'(탄산음료전체), '플라스틱'(비닐 백, 신용카드)가 있으며, 환유법으로는 '해골 표시' (독성물질), '펜'(글), '칼'(무력 진압), '화이트 칼라'(사무직), '접시' (요리) 등등이 있다.

제유법이나 환유법을 사용하는 이유는 인물, 사건, 장소를 직접적으로 거론할 때보다 간접적으로 표현할 때 함축미가 살아나며, 화자가 대상물에게 가지는 감정이나 태도 등등을 간접적으로 전달하는 가운데 독자들이 묘사되는 대상물에 대해 시선을 집중하고 전체를 차츰 차츰 유추하는 맛을 느낄 수 있게 하기 위해서이다. 이는 카메라 촬영기법에서 대상 인물의 전신이나 장소 전체를 보여주기보다는 직위나 장소의 특징을 드러내는 일부분만 프레임에 담아 보여줌으로써 특정 인물이나 장소에 대한 신비감을 간직하는 효과를 추구하는 것과 유사하다고 할 수 있다. 때로는 이미 언급된 어떤 장소나 직위를 반복적으로 언급하지 않으려는 작자의 태도를 반영하기도 한다. 다음의 시들을 읽어보며 각 시인이 사용하는 제유법 혹은 환유법의 효과에 대해 조금 더 이해해 보기로 하자. 콜리지는 「노수부의 노래」(The Rime of the Ancient Mariner)에서 '바다' 대신 '파도'라고 표현하는 제유법을 사용하여 노수부가 바라보는 관점을 제시하고 있다.

from "The Rime of the Ancient Mariner"
by Samuel T. Coleridge

The western wave was all a-flame.
The day was well was nigh done!
Almost upon the western wave
Rested the broad bright Sun

1. 제유법 때문에 어떤 효과가 더욱 극대화 되는가?

2. 노을 진 바다에 대한 특별한 묘사가 노수부의 심리상태에 대해 어떤 점을 시사하는가?

다음은 셰익스피어의 드라마 『햄릿』에서 햄릿의 아버지 유령이 자신의 죽음에 대해 햄릿에게 운문(blank verse)으로 설명하는 장면이다. 이 부분에서 사용된 제유법과 환유법의 사례들을 찾아보자.

from Hamlet
by William Shakespeare

GHOST: Now, Hamlet, hear.
'Tis given out that, sleeping in my orchard,
A serpent stung me. So the whole ear of Denmark
Is by a forg d[1] process of my death
Rankly[2] abused. But know, thou noble youth,

---

1) created with a lot of hard work in a negative way

2) extremely bad or undesirable

The serpent that did sting thy father's life
Now wears his crown.

1. 셰익스피어가 유령으로 하여금 자신의 죽음에 관련된 사실을 모두 다 얘기하지 않고, 일부를 들거나 에둘러 말하게 한 이유는 무엇일까?

2. 그것이 이 상황에서 햄릿의 심리에 어떤 영향을 미치고, 또, 어떤 극적 효과를 자아내는 것일까?

다음의 시에서 디킨슨은 임종 직전에 처한 화자를 등장시킨다. 매우 독특한 설정이지만, 그 화자의 시선에서 주변을 바라보고 임종의 순간을 맞이하는 장면을 그리고 있다는 점에서 매우 흥미롭다.

I heard a Fly buzz when I died
by Emily Dickinson

I heard a Fly buzz - when I died -
The Stillness in the Room
Was like the Stillness in the Air -
Between the Heaves of Storm -

The Eyes around - had wrung them dry -
And Breaths were gathering firm
For that last Onset[3] - when the King

3) the beginning of something, used especially to refer to something unpleasant.

Be witnessed - in the Room -

I willed my Keepsakes[4] - Signed away
What portions of me be
Assignable - and then it was
There interposed a Fly -

With Blue - uncertain - stumbling Buzz -
Between the light - and me -
And then the Windows failed - and then
I could not see to see -

1. 위 시에서 사용된 제유법과 한유법의 사례들을 모두 찾아보자.

2. 제유법과 환유법의 사례들이 화자가 임종 직전 사후 세계에 대해 가지고 있었던 기대감과 임종 후의 화자의 심경을 제시하는 데 얼마나 효과적인지 논의해 보자.

3. 독자들은 임종의 순간 무엇을 혹은 어떤 장면이 펼쳐질 것을 기대하는가? 화자가 그 순간을 파리 때문에 보지 못했다고 말하는 것은 어떤 속뜻을 지니고 있는 것일지 논의해 보자.

---

4) a memento or a small present that someone gives you so that you will not forget them

*** Metonymy**

*** Definition**:

Metonymy in literature refers to the practice of not using the formal word for an object or subject but referring to it by using another word that is intricately linked to the formal name or word. It is **the practice of substituting the main word with a word that is closely linked to it.** By using metonymy, a poet suggests deeper or hidden meanings and draws readers' attention to the situation or the message. In addition, by using metonymy a poet achieves an effect of conciseness. For instance, to say "Rifles were guarding the gate" is more concise than to do "The guards with rifles in their hands were guarding the gate."

***Examples:**

- The Blue House decides to keep check on immigration.
- The pen is mightier than the sword.
- The Oval Office was busy in work.
- The White House is concerned about terrorism.

***Synecdoche**

*** Definition:**

Synecdoche refers to a thing by the name of one of its parts. For example, calling a car "a wheel" is a synecdoche since the "wheel" -a part of a car stands for the whole car. By using synecdoche, a poet gives otherwise common ideas and objects deeper meanings, and thus draws readers' attention. Like metonymy, the use of synecdoche helps a poet to achieve brevity. To say "The soldiers were equipped with steel" is more concise than to do "The soldiers were equipped with swords, knives, daggers, and arrows."

When used appropriately a synecdoche adds a distinct color to words, making them appear vivid and detailed.

***Examples of well-known parts to represent the whole:**

- The word "bread" refers to food or money, as in "Writing is my bread and butter," or "He is the sole breadwinner."
- The phrase "gray beard" refers to an old man.
- The word "sails" refers to a whole ship.
- The word "suit" refers to a businessman.
- The word "boots" usually refers to soldiers.
- The term "coke" is a common synecdoche for all carbonated drinks.
- The world "Pentagon" is a synecdoche when it refers to a few decision makers.
- The word "glasses" refers to spectacles.
- The word "hand" refers to a person, as in "Let me give you a hand

*** Examples:**

- The little buried mole continues blind,/ Why <u>flesh</u> that mirror Him must someday die.
- Friends, Romans, countrymen, lend me your <u>ears</u>.
- The <u>western wave</u> was all a-flame.
- His eye met hers as she sat there paler and whiter than anyone in the vast ocean of anxious <u>faces</u> about her.

2. 인유법(Allusion)

인유법은 다른 작품이나 텍스트에 출처를 두고 있는 인물, 사건, 글귀나 표현을 참조하는 수사적 장치로서, 주로 성경이나 유명한 작가의 작품이나 이름, 그리고 인구에 회자되는 표현들을 인용하는 것을 말한다. 인유법을 사용함으로서 시인은 독자들에게 그들이 이미 알고 있는 지식과 정보 그리고 그와 관련된 감정과 분위기 등등을 문화적 맥락(cultural literacy)으로서 자연스럽게 연상하게 하고 시에 대한 흥미와 가독성을 높이는 효과를 추구한다.

가령, '빅 브라더'(Big Brother)는 조지 오웰의 소설 『1984』 등장하는 가공의 인물로서 전체주의 국가 오세아니아를 통치하는 정체 모를 수수께끼의 독재자이지만 가족관계를 연상시키는 호칭 탓에 친근감을 불러일으킨다. '빅 브라더'는 대중의 통제와 정부권력의 남용을 제시하는 장치로서 종종 다른 작품에서 인유된다. '15분의 유명세' 이라는 표현 역시 1968년 앤디 워홀이 한 말, "미래엔 누구나 15분간 세계적인 유명세를 누리게 될 것이다"(In the future, everyone will be world-famous for fifteen minutes)에 출처를 두며, 이제는 리얼리티 티비 프로그램이나 SNS 매체들과 정보통신기술의 발전으로 인하여 일반인들도 유명인들처럼 유명세를 누리거나 시달리게 되는 상황을 의미하게 되었다. 'Catch-22' 는 조셉 헬러(Joseph Heller)의 1961년 소설 『Catch-22』를 말하며, 제2차 세계대전 당시 병사들이 이태리의 섬에서 당면했던 고군분투 상황을 말한다. 즉, 어떤 병사가 미친 것으로 판명되면 그는 불명예 제대를 할 수 있지만, 그 자신이 정신이상을 이유로 불명예제대를 신청하게 되면 그는 제정신임을 스스로 증명하는 셈이 된다. 이후 'Catch-22'는 어려운 상황을 벗어나고 싶고, 그럴 수도 있지만 스스로 그 해결책을 마련할 수 없는 고착의 상황을 비유적으로 제시하게 되었다. '아킬레스 건' (Achilles' Heel)은 그리스 신화에 등장하는 반신반인이자 트로이전쟁의 영웅인 아킬레스는 발꿈치가 치명적인 약점이어서 발꿈치를 화살에 맞자 즉각 힘을 쓸 수 없게 되었다. 이후, '아킬레스 건'은 강력한 상대방의 치명적인 약점을 의미하는 표현으로 흔히 인유되고 있다. 다음의 시에서 엘리엇 역시 화자의 심리 상태를 암시해 줄 수 있는 다양한 인유를 사용하고 있다.

from **The Love Song of J. Alfred Prufrock**
by T. S. Eliot

Would it have been worth while,
To have bitten off the matter with a smile,
To have squeezed the universe into a ball
To roll it towards some overwhelming question,
To say: "I am Lazarus, come from the dead,
Come back to tell you all, I shall tell you all"—
If one, settling a pillow by her head
 Should say: "That is not what I meant at all;
 That is not it, at all."

And would it have been worth it, after all,
Would it have been worth while,

After the sunsets and the door yards and the sprinkled streets,
After the novels, after the teacups, after the skirts that trail along the floor—
And this, and so much more?—
It is impossible to say just what I mean!
But as if a magic lantern threw the nerves in patterns on a screen:
Would it have been worth while
If one, settling a pillow or throwing off a shawl,
And turning toward the window, should say:
"That is not it at all,
That is not what I meant, at all."

No! I am not Prince Hamlet, nor was meant to be;
Am an attendant lord, one that will do
To swell[5] a progress, start a scene or two,
Advise the prince; no doubt, an easy tool,
Deferential,[6] glad to be of use,
Politic, cautious, and meticulous;
Full of high sentence, but a bit obtuse[7];
At times, indeed, almost ridiculous—
Almost, at times, the Fool.

I grow old ... I grow old ...
I shall wear the bottoms of my trousers rolled.

---

5) to make something larger than it really is

6) respectful

7) very dull

1. 위의 시에서 인유된 외부 텍스트의 예를 모두 찾고, 거기에 등장하는 인물들과 프루프록 (50대 중년 대머리, 배나온 독신 남자)을 비교할 때 어떤 극적 효과가 발생하는지 생각해 보자.

2. 인유법을 사용해서 엘리엇이 전달하는 인생의 진리에 대해 공감하는가?

3. 독자들에게 프루프록은 인생의 실패자인가? 비극적 주인공인가? 혹은 어떤 다른 인물인가?

Allusion

***Definition:**

An allusion is a figure of speech that makes a reference to a place, person, or event. This can be real or imaginary and may refer to anything, including the bible, fictions, folklores, historical events, or TV dramas. The reference can be direct or may be inferred, and can broaden the reader's understanding. By using an allusion, a poet can engage the reader and often help the reader remember the message or theme of the passage. A poet can also give an example or get a point across without going into a lengthy explanation.

***Examples:**

- I was surprised the CEO's nose was not growing like Pinocchio's.

- When she lost her job, she acted like a Scrooge, and refused to buy anything that wasn't necessary.
- I thought the program would be useful, but it was a Trojan Horse.
- He was a real Romeo with the ladies.
- Chocolate was her Achilles' heel.
- James was a Good Samaritan yesterday when he helped the lady start her car.
- Terra turned the other cheek after she was cheated out of a promotion.
- This place is like a Garden of Eden.
- My mom is a Solomon when it comes to making decisions.

3. 과장법 (Hyperbole, overstatement)

과장법은 문자 그대로 어떤 감정, 사실, 현상에 대해 화자가 실제보다 과장된 효과를 담은 표현을 의도적으로 사용하는 것을 말한다. 가령, 다음의 시에서 오든은 '사랑하는 님'에 대한 마음을 과장되게 표현하는 화자를 등장시키고 있다.

As I Walked One Evening
by W. H. Auden

I'll love you, dear, I'll love you
Till China and Africa meet,
And the river jumps over the mountain

And the salmon sing in the street,
I'll love you till the ocean
Is folded and hung up to dry

1. 대부분의 사람들이 상대방에게 자신의 사랑을 표현할 때 과장법을 사용하는 경우가 많은데, 그 이유는 무엇일지 논의해 보자.

2. 독자들이 화자라면, 상대방에게 유사한 방식으로 표현할 것인가? 독자들이 그간 말했거나 들었던 적이 있었던 과장된 표현들이 있다면, 한 번 예를 들고 그때 경험했던 결과에 대해 이야기를 나누어 보자.

다음에 인용된 마벨의 시는 과장법을 주요 수사법으로 사용한 대표적인 영시이다. 이 시에서 마벨은 'Carpe Diem'(인생을 즐기자)이라는 인생철학을 지닌 화자가 상대방 여인에게 '인생 뭐 별거냐, 즐기면 되지' 라고 설득하며 자신과 하룻밤을 보내자고 유혹하는 장면을 연출한다.

To His Coy Mistress
by Andrew Marvell

Had we but world enough, and time,
This coyness, Lady, were no crime
We would sit down and think which way
To walk and pass our long love's day.
Thou by the Indian Ganges' side

Shouldst rubies find: I by the tide
Of Humber[8] would complain. I would
Love you ten years before the Flood,
And you should, if you please, refuse
Till the conversion of the Jews.
My vegetable love should grow
Vaster than empires, and more slow;
A hundred years should go to praise
Thine eyes and on thy forehead gaze;
Two hundred to adore each breast,
But thirty thousand to the rest;
An age at least to every part,
And the last age should show your heart.
For, Lady, you deserve this state,
Nor would I love at lower rate.

But at my back I always hear
Time's wing d chariot hurrying near;
And yonder all before us lie
Deserts of vast eternity.
Thy beauty shall no more be found,
Nor, in thy marble vault,[9] shall sound
My echoing song; then worms shall try
That long preserved virginity,
And your quaint honour turn to dust,
And into ashes all my lust:
The grave's a fine and private place,

---

8) the Humber in the eastern part of UK, where the Trent and the Ouse are merged.

9) a tomb

But none, I think, do there embrace.
Now therefore, while the youthful hue
Sits on thy skin like morning dew,
And while thy willing soul transpires[10]
At every pore with instant fires,
Now let us sport us while we may,
And now, like amorous birds of prey,
Rather at once our time devour
Than languish in his slow-chapped[11] power.
Let us roll all our strength and all
Our sweetness up into one ball,
And tear our pleasures with rough strife
Through the iron gates of life:
Thus, though we cannot make our sun
Stand still, yet we will make him run.

1. 이 시에서 사용된 과장법의 예를 모두 찾고, 그것들이 '인생은 짧고, 젊은 시절도 금방 지나가니, 아직 시간과 기회가 있을 때 마음껏 누려야한다'는 화자의 주장에 설득력을 가하는 데에 얼마나 효과가 있을지 논의해 보자.

2. 이 시에서 화자는 '세상이 충분히 넓고, 시간이 무한하다면'이라든가 그들의 사랑을 '제국보다 더 넓게 퍼져 자라는 식물'에 비유하고 있다. 그러한 과장된 수사법을 사용하는 화자의 목소리(tone)는 어떠한가, 심각하고 진지한가? 아니면 엉뚱하고, 기발한가?

---

10) if a plant transpires, it loses water through its surface or skin

11) dry, cracked and sore

3. 화자가 인생의 종말에 대해 가지고 있는 생각을 드러내는 시행들을 찾고, 비유법의 충격적 효과에 대해 논의해 보자.

4. 상대방 여인에게 과장된 수사를 늘어놓으면서 화자가 진심으로 전달하고자 하는 속뜻은 무엇일까?

5. 화자는 과연 여인을 유혹하여 자신이 원하는 대로 하룻밤을 즐기는 데 성공했을까? 아니면, 그의 과장된 수사가 오히려 역효과를 낳아 그 여인을 불쾌하게 하였을까? 각자의 생각을 이야기 해 보자.

4. 축소법 (Understatement)

과장법이 어떤 감정, 사건, 사실, 현상을 실제보다 의도적으로 과장하는 표현 방식이라면, 축소법은 화자가 의도적으로 축소하거나 절제하여 표현하는 것을 말한다. 가령, 100억원 복권에 당첨된 사람이 기분이 어떠하냐는 질문에 주변 사람들의 질투와 시기를 의식하여 "그저 그렇지요"라고 대답한다면 그는 축소법을 사용하는 것이다. 마찬가지로, 야구에서 10대 0으로 진 팀이 소감을 묻는 질문에 감독이나 주장 선수가 "우리가 실력을 제대로 발휘하지 못한 거죠"라고 대답했다면 이것 역시 팀의 사기저하를 막기 위해 축소법을 사용한 경우에 해당한다. 전자는 당장 하늘에 날아오를 듯한 벅찬 기분을 억누르려는 의도이고, 후자는 당장 쥐구멍에라도 숨고 싶은 참담한 심정을 축소하려는 의도가 담겨있으니 말이다. 보통 사람들도 버스 안에서 넘어져서 너무 창피할 때 흔히 "괜찮아요"라고 축소법을 사용하여 아무렇지도 않은 듯 행동하고, 또, 친구가 너무 촌스러운 옷을 입고 나와 신경을 무척 쓰며 의견을 물어볼 때 그 친구가 마음 상하지 않도록 "그렇게 나쁘진 않아"라고 축소하여 표현하는 배려를 해주곤 한다. 앞서 인용한 마벨의 시「수줍어하는 숙녀에게」에서도 축소법이 발견되는데, "The grave's a fine and private place, but none I think do there embrace"의 시행이다. 화자는 죽은 뒤 무덤 속의 황량함, 공허함, 암전을 언급하며 "내 생각엔 이러이러하다"고 무덤 속에 갇히는 공포감을 축소하고 청자의 관심을 다른 문제로 돌리려는 치환을 시도하고 있다. 이처럼, 우리가 과장법이나 축소법을 사용할 때, 우리의 표면적 의미와 실제 속마음에 차이가 나는 것을 알 수 있다. 그래서 과장법과 축소법은 거의 언제나 아이러니(반어법)의 효과를 발생시키게 된다. 다음의 시에서 윌리엄스가 사용하는 축소법이 불러일으키는 효과에 대해 이해해 보기로 하자.

This Is Just To Say
by William Carlos Williams

I have eaten
the plums
that were in
the ice box
and which
you were probably
saving
for breakfast.
forgive me

they were delicious
so sweet
and so cold

1. 위의 시에서 화자가 사용하는 축소법은 얼마나 설득적인가? 화자의 변명을 담은 시행이 매우 짧고, 무뚝뚝하게 끊어지듯 말해진다는 점에 주의를 기울이면서 화자와 청자가 대화하는 상황을 상상해 보자.

2. 독자가 화자의 변명을 듣는 입장이라면, 과연 화자에게 어떤 말을 할 것 같은가? 화자를 용서해 줄 것인가 혹은 더 화를 낼 것인가?

다음의 시에서 프로스트는 세상의 종말이라는 거창하고 심각한 화제를 다루면서 의도적으로 축소법을 사용하여 독자들에게 부담 갖지 말고 그냥 한 번 생각해 보라는 식으로 말을 건넨다.

Fire and Ice
by Robert Frost

Some say the world will end in fire,
Some say in ice.
From what I've tasted of desire
I hold with those who favor fire.
But if it had to perish twice,
I think I know enough of hate
To say that for destruction ice
Is also great

And would suffice.[12]

1. 이 시에서 '불'과 '얼음'은 각각 무엇을 상징하는가? 그 두 가지가 세상의 종말과 무슨 상관이 있는 것일까?

2. 화자가 축소법을 사용하여 '세상의 종말에 대해 두 가지 방식으로 간단히 생각해 보았다'라는 식으로 무심하게 말할 때, 그 목소리(tone)는 어떠한가? 동시에, 그러한 목소리를 고려할 때, 화자는 세상의 종말에 대해 어떤 태도를 보이고 있다고 생각되는가?

3. 독자로서 어느 쪽에 더 공감이 가는지 혹은 두 가지 방법 이외에 다른 방법을 생각할 수 있을지 한 번 논의해 보자.

Hyperbole or Overstatement

*** Definition:**

Hyperbole, from a Greek word meaning "excess," is a figure of speech that uses extremely exaggerated expressions to make a point or an emphasis. It is the opposite of understatement. Hyperboles are not comparisons, like similes and metaphors, but extravagant and even ridiculous overstatements. Thus, the reader should not take the speaker's meaning literally. By using a hyperbole, a poet often catches the reader's attention and stresses his/her point or a contrast between the real and the inner thinking.

12) to be enough

Examples:

- I've told you to clean your room a million times!
- It was so cold that I saw polar penguins wearing hats and jackets.
- She's so dumb that she thinks Santa Claus is a real person.
- I am so hungry that I could eat a horse.
- I have a million things to do today.
- When I had to fled in the war, I had to walk 30 miles to the bridge, uphill, in the snow.
- I had a ton of homework.
- If I can't buy that perfect sports car, I'll die!
- She is as skinny as a toothpick.
- The car went faster than the speed of light.
- Her new car-coat cost a gazillion dollars.
- That joke was so old that I was watching a dinosaur while hearing it last time.
- They ran like greased lightning.
- He could have knocked me over with a feather.
- His brain is like the size of a pea.
- My geology professor is older than the Cretaceous.

Understatement

***Definition:**

An understatement is a figure of speech used by a speaker to make a situation seem less important than it really is. It is opposite to a hyperbole or an overstatement. For example, if a team loses to its opponent 10 to 1 in a baseball match, and the captain of the team says in a post-match ceremony, "We did not do well," it is an understatement because he is trying to decrease the intense disappointment of the loss. By deliberately decreasing the severity of a situation, a poet usually achieves an ironic effect or sarcasm. For instance, someone may stain your brand-new white coat with a red wine. In response, you choose to make an understatement, "It doesn't look too bad."

*** Examples**

- He is not too thin. (in describing an obese person)
- It rained a bit more than usual. (in describing an area being flooded by heavy rainfall)
- It was O.K. (a student who got the highest score on the test)
- I have to have this operation. It isn't very serious. I have this tiny little tumor on the brain. (Having a tumor in the brain is a serious issue)
- "Good gracious, anybody hurt?"/ "No'm. Only killed a cat." (Killing an animal is serious)

제 7장
상징(Symbols)과 아이러니(Irony)

1. 상징 (Symbols)

상징 역시 수사적 장치의 하나로서 자연계를 구성하는 사물에 원래 사물이 지닌 의미나 기능과는 다른 사회적 의미를 부가하는 경우에 해당한다. 주로 시인은 자신이 소통하고 싶어하는 중요한 생각이나 감정 혹은 주제를 간접적으로 전달하기 위하여 보편적이고 일반적인 자연물을 상징으로 사용하기도 하고 다른 수사적 장치들, 가령, 이미지나 은유를 반복적으로 등장시켜 특정한 의미를 가지는 상징으로 기능하도록 조작하기도 한다. 가령, 붉은 색은 표면적인 색재감으로 인하여 시각이미지로 기능하지만 문학작품에서 열정, 공산주의, 광기 등등 다른 의미가 부가되어 보다 심오하고 복합적인 사회, 심리적 의미망을 제시하는 상징으로 기능하기도 한다. 조셉 콘라드(Joseph Conrad)의 소설 『어둠의 한 가운데』 (Heart of Darkness)는 배경이 되는 장소의 특성상 피부색이 어두운 아프리카인들이 거주하는 아프리카의 한 가운데 콩고에서 벌어진 사건을 이야기한다. 하지만 플롯이 전개되는 가운데, '어두움'은 점차 인간 심리의 어두움을 의미하게 되고 급기야 완전히 검은 마음인 악함을 상징하게 된다. 나아가

작품 전반에 걸쳐서 '어두움'은 문명의 반대편에 거주하는 콩고인들의 '원시, 미개상태'를 의미하기도 하고, 문명인이었던 주인공 커츠가 미개인보다 더 잔인한 원시 상태로 퇴보하는 것을 의미하기도 하면서 콘래드가 소통하고자 하는 인간의 마음에 대한 주제를 복합적으로 제시하는 상징으로 기능하게 된다.

일상생활에서 우리가 흔히 사용하는 상징으로는 하얀 비둘기, 뱀, 원숭이를 포함한 12가지 동물, 십자가, 결혼반지, 국기, 올림픽 국기의 5개의 원형, 태극, 맥도날드 등등 상표들, 학교의 정문 조형물 등등이 있다. 세계적으로 유명한 상징으로는 에덴 동산과 그 구성물들인 뱀, 지식의 나무, 아담과 이브가 있다. 문학적으로는 에드가 앨런 포(Edgar Allan Poe)의 검은 고양이, 까마귀가 있으며, 나다니엘 호손(Nathaniel Hawthorne)의 주홍글자 A, 최근의 작품에서 해리포터가 지닌 상처 역시 '선택받은 자'를 의미하는 징표이며, 반지의 제왕에서 절대 반지 역시 인간의 무한한 욕심을 자극하는 징표로 기능한다. 무지개는 애초에 하나님과 노아의 약속을 의미하는 상징이었지만 이제는 그것보다는 여러 측면에서의 다양성을 의미하는 상징물로 사용되고 있다. 상징을 파악하고 그 의미가 공정되지 않고 사회, 심리적 의미로 변화되고 확장되는 점을 추적하는 가운데, 우리는 인물, 사건, 상황에 대해 보다 깊은 이해를 할 수 있다. 다음의 시들을 통해, 상징의 기능에 대해 조금 더 깊이 이해해 보기로 하자.

Sonnet 12
by William Shakespeare

When I do count the clock that tells the time,
And see the brave day sunk in hideous night;
When I behold the violet past prime,
And sablc[1] curls all silvcrcd o'cr with white;
When lofty trees I see barren of leaves,
Which erst from heat did canopy the herd,
And summer's green all girded[2] up in sheaves
Borne on the bier with white and bristly beard;
Then of thy beauty do I question make,
That thou among the wastes of time must go,
Since sweets and beauties do themselves forsake
And die as fast as they see others grow,
And nothing 'gainst Time's scythe[3] can make defense
Save breed to brave him when he takes thee hence.

1. 위의 시에 등장하는 "a violet past its prime," "sable-colored hair that is now white," "trees that are barren of leaves"의 상징적 의미는 무엇일까?

2. 다음의 그림에서 제시되듯이 화자는 마지막 두 행에서 사랑스러움(sweets)과 아름다움(beauties)은 시간이 지나면 위력을 잃는다.

---

1) a small furry animal with valued fur in black

2) to tie or bind

3) a tool with a curved blade

하지만 화자는 시간의 힘을 이길 수 있는 한 가지 방법을 제시하고 있다. 그 방법에 대해 설명해 보고, 화자의 의견에 동의하는지 아닌지 설명해 보자.

다음의 시에서 프로스트는 두 갈래 길을 인생에 대한 각각의 진리를 담고 있는 상징으로 사용하고 있다.

The Road Not Taken
by Robert Frost

Two roads diverged in a yellow wood,
And sorry I could not travel both
And be one traveler, long I stood
And looked down one as far as I could
To where it bent in the undergrowth;

Then took the other, as just as fair,
And having perhaps the better claim,
Because it was grassy and wanted wear;
Though as for that the passing there
Had worn them really about the same,

And both that morning equally lay
In leaves no step had trodden black.
Oh, I kept the first for another day!
Yet knowing how way leads on to way,
I doubted if I should ever come back.

I shall be telling this with a sigh
Somewhere ages and ages hence:
Two roads diverged in a wood, and I—
I took the one less traveled by,
And that has made all the difference.

1. 다음의 그림을 보고 화자가 두 개의 길에 대해 묘사하는 방법에 주의하며 각각의 길이 지니는 상징적 의미에 대해 설명해 보자.

2. 마지막 연에서 프로스트는 sigh/ I/ by 와 hence/ difference를 정음으로 각운 처리하여 화자가 하나의 길을 선택한 이후로 '모든 것이 달라졌다'는 점을 강조하고 있다. 화자는 자신의 선택에 대해 후회하고 있다고 여겨지는가? 각운의 소리에 주의를 기울이면서 자신의 생각을 말해 보자.

다음의 시에서 워즈워드는 서양의 독자들에게 매우 친숙한 창세기 노아의 방주 이야기에 등장하는 '무지개'를 인유하고 있다. 하지만, 무지개는 일반적으로 희망이나 꿈을 암시하는 상징으로도 흔히 사용되기 때문에, 워즈워드는 무지개가 함축하고 있는 두 가지 맥락을 활용하면서 동시에 자신이 예술에 대해 희망하는 바를 상징하는 표상으로도 제시한다.

My Heart Leaps Up When I Behold
by William Wordsworth

My heart leaps up when I behold
  A rainbow in the sky:
So was it when my life began;
So is it now I am a man;
So be it when I shall grow old,
  Or let me die!
The Child is father of the Man;
And I could wish my days to be
Bound each to each by natural piety.

1. 성서와 일반적인 맥락에서 해석되는 무지개의 상징적 의미를 염두에 두고 '어린이가 어른의 아버지라'라는 역설의 수사를 해석할 때, 워즈워드가 독자들과 소통하고자 했던 인생의 진리는 어떤 것이었을까?

2. 예술 창작의 맥락에서 무지개의 상징적 의미를 해석해 볼 때, 워

즈워드가 무지개를 보며 사유했던 다짐은 어떤 내용이었을까? 상상력을 활용하여 나름대로 워즈워드의 입장이 되어 보고 그의 마음을 추정해 보자.

다음의 시에서 블레이크는 런던을 대영제국의 심장부를 상징하는 표상으로 제시하고 있다. 그러한 맥락을 고려하여 블레이크가 그려내는 런던의 모습을 상상해 보고, 그의 비판적 어조에 담겨있는 속마음을 추정해 보자.

London
by William Blake

I wander thro' each charter'd street,
Near where the charter'd Thames does flow.
And mark in every face I meet
Marks of weakness, marks of woe.

In every cry of every Man,
In every Infants cry of fear,
In every voice: in every ban,
The mind-forg'd manacles I hear.

How the Chimney-sweepers cry
Every blackning Church appalls,
And the hapless Soldiers sigh
Runs in blood down Palace walls.

But most thro' midnight streets I hear
How the youthful Harlots curse
Blasts the new-born Infants tear
And blights with plagues the Marriage hearse.

1. 위의 시에는 런던 이외에도 다양한 상징들이 사용된다. 블레이크가 19세기 런던의 생활상과 권력자들에 대해 사유하며 어떤 문제점들을 비판하기 위해 그러한 상징들을 사용하고 있는지 설명해 보자.

FATHER THAMES INTRODUCING HIS OFFSPRING TO THE FAIR CITY OF LONDON.

2. 마지막 시행에서 블레이크는 소녀 창부들과 갓난쟁이들을 등장시켜 순수한 사랑과 결혼의 서약마저 폐기된 사회 현실에 대해 고발을 하고 있다. 매우 충격적일 수 있는 그 장면을 통해 블레이크가 독자들에게 전달하려는 메시지가 있다면, 그것은 무엇일까? 시간여행을 떠나 블레이크의 런던을 거닐어 보는 상상을 하면서 그가 이 시를 창작했을 때의 마음을 한 번 생각해 보자.

Symbol

***Definition**

A poet often uses symbols to signify ideas and qualities, by giving objects an entirely different meaning, which is often much deeper and more significant. An action, an event or a word spoken may have a symbolic value. For instance, a smile is a symbol of friendship. Similarly, a smiling person may stand as suggesting a symbolic meaning of affection or at least a good will.

Symbolic meanings shift, though, depending on the context symbols are used in. Wearing variously colored ribbons is a symbolic action that shows support for certain people or certain campaigns, but its meaning varies, depending upon a context. A black ribbon, a pink ribbon, a white ribbon, a blue ribbon all signify different meanings. Thus, **a symbolic meaning of an object or an action should be understood by when, where, and how it is used.**

***Examples of Well-known Symbols:**

- A white dove is a symbol of peace.
- A red rose, or the color red, stands for love or romance.
- A rainbow is a symbol of hope.
- A color Black is a symbol that represents evil or death.
- A color White is a symbol that represents good or purity.
- A broken mirror may symbolize misfortune or separation.

***Examples:**

- David stopped his car at the red signal. (In other cultures, the color red is symbol of blood, passion, and danger.)

- Rebels raised a white flag to negotiate. (During war, the color white symbolizes making peace with the enemy. Otherwise, it represents purity and life.)
- The Red Cross is working around the world. (The symbol of the cross represents Christianity, and the red cross in particular represents aid in times of need.)
- The Muslim forces raised their flag with a crescent on it. (The crescent moon represents Islam.)
- He turned green when found a wallet. (Green color is often associated with greed, jealousy, and monetary affairs.)
- They dressed in black to the funeral of their friend. (The color black is associated with death.)
- Tom was disappointed when the mirror broke. (Broken mirror is an symbol of misfortune.)
- Jed gave a red rose to Jane on Valentine Day. (a Red rose is a symbol for love.)
- He, after a long time, saw a silver lining in the shape of the arrival of his brother. (Silver edge/lining of clouds symbolize hope and optimism.)
- Oh, you have a sixth sense like an owl! (Owl symbolizes wisdom.)
- She works like an ox. (The ox symbolizes hard work and stamina.)
- When he saw a bat in dream, he grew white with fear. (Bats are the symbol of death.)

2. 아이러니 (Irony)

아이러니는 화자가 표면적으로 말하는 내용과 실제로 의미되는 내용이 반대이거나 차이가 나도록 표현하는 수사법이다. 때대로 표면적으로 기대되는 상황과 실제로 일어나는 상황에 차이가 나도록 플롯을 구성하는 장치 역시 아이러니에 해당한다. 아이러니는 일반적으로 표현의 아이러니, 극적 아이러니, 그리고 기타 아이러니들이 있다. 아이러니는 그리스 드라마에서 에이런(Eiron)이란 인물의 재치에서 기원한다는 설이 있다. 즉, 비천한 신분인 에이런은 강력한 힘을 지닌 귀족이나 상급자들에게 고분고분한 척 하면서 표면적 의미와 실제 의미의 차이가 나도록 재치있게 말을 하여 어려운 상황을 피하곤 하였다. 그리스어 '에이로네이아'(eironeia)는, 따라서, 에이런의 언행을 의미하며 '위장하다,' '의도적으로 무지함을 가장하다'의 뜻을 지닌다. 이후 그 표현은 라틴어로 '이로니아'(ironia)로 변하였으며, 16세기 영어에서 비유적 수사 장치인 '아이러니'(irony)로 변화되었다. 그런데, 일상생활에서 우리는 예기치 않았던 불운이 닥치는 상황이나 기대했던 것과 반대의 결과가 일어나는 상황을 겪으며 아이러니라고 말하곤 한다. 가령, 결혼식 당일 일기 예보와 달리 비가 오거나, 출퇴근 시간에 일찍 출발했는데도 교통체증에 걸리는 것과 같은 상황은 아이러닉한 상황이 아니라, 그저 불운한 경우에 해당할 뿐이다. 그러므로 'ironic' 혹은 'ironical' 하다고 말할 때에는 다음과 같은 상황에 해당할 때라는 점에 유의할 필요가 있다.

또한 종종 아이러니와 조롱법(sarcasm)이 혼용되기도 하는데, 그 이유는 조롱법이 아이러니의 일종이기 때문이다. 조롱법은 그리스어 "sarkasmos"에서 연원하며 "살점을 뜯어낸다"는 의미를 지니고 있으므로, 아이러니의 씁쓸한 효과를 더욱 부각시키는 수사법에 해당한다. 종종 성을 내거나, 불친절하거나, 오만하고 자존심이 강한 상대방에게 상처를 주거나 모욕을 주기 위해 조롱법을 사용하므로, 이 수사법을 사용할 때 역시 언제나 조심할 필요가 있다.

1) 표현의 아이러니 (Verbal Irony)

화자가 겉으로 말하는 내용과 속으로 실제 의미하는 내용이 완전히 반대될 때 그 사람은 표현의 아이러니를 구사하고 있는 것이다. 가령, 채권업자들이 집에 무단으로 들어와서 빨간 딱지를 붙이는 것을 볼 때, 화자가 '이거 정말 대단한데!'라고 말하는 경우를 생각해 볼 수 있다. 또는 차사고가 나서 새로 산 차가 상당히 부서졌을 때 '신고식 제대로 하네'라고 말한다면, 그 사람 역시 아이러니를 사용하여 자신의 감정을 표현하는 것이다. 사실 이 두 가지 상황에서 화자의 심정은 정반대로 참담하고, 허탈할 것이기 때문이다. 표현의 아이러니는 언제나 화자가 의도적으로 자기의 감정이나 속뜻과 반대되도록 겉으로 표현하는 경우이므로, 화자의 의도를 반드시 따져보아야 한다. 드물지만, 표현의 아이러니는 '아이러닉한 직유법'의 형태로 구성되기도 하는데, 가령 '사포처럼 부드러운 피부' 혹은 '얼음처럼 따가운 느낌'이라고 말할 때, 화자는 두 가지 다른 종류의, 정반대의 사물을 연결하고 있다. 하지만, 흥미롭게도 아이러닉한 직유법을 사용할 때 화자는 두 가지 극과 극의 사물들이 묘하게 비슷하다는 느낌을 줄 수 있다. 즉, 사포와 부드러운 피부는 정반대이지만 '보드랍다'는 결과만 보면 뜻이 통하며, 얼음과 따가운 것도 정반대이지만 너무 찬 물에 손을 담그면 따갑게 느낄 때처럼 극과 극이 만나면 뜻이 통하는 흥미로운 지적 유희를 즐길 수 있다.

2) 극적 아이러니(Dramatic Irony)

극적 아이러니는 우리가 일반적으로 사용하는 아이러니와 다른 수사장치이다. 일상생활에서 우리가 '아이러니야,' '아이러닉하지 않니?' '아이러니컬한데?'라고 말하는 경우는 표현의 아이러니에 해당한다. 그와 달리, 극적 아이러니는 어떤 상황에서 관객/독자가 극중 인물보다 상황에 대한 정보를 더 많이 알고 있어서, 극중 인물과 관객/ 독자 사이에 정보의 차이가 발생하는 경우에 해당한다. 또한, 일반적으로 극적 아이러니는 도입, 심화, 해소의 과정을 거쳐 전개되는 경우가 많다. 가령, 셰익스피어의 드라마 『오셀로』(Othello)에서 주인공 오셀로는 부인 데스데모나와 부관 캐시오 사이의 외도를 의심하여, 점점 질투에 눈이 멀게 되고, 급기야 배신감으로 인한 분노를 못 이겨 자신의 부인을 죽이게 된다. 하지만 사실상 데스데모나는 정숙한 부인이었고, 그녀의 외도 이야기는 단지 질투 많은 부하 이아고가 거짓으로 꾸며내 오셀로의 마음에 의심의 씨앗을 심어둔 것이었는데도 말이다. 관객/독자는 이 모든 상황을 지켜보고, 각 인물들에 대한 정보를 모두 알고 있기에, 오셀로가 질투에 사로잡혀 가는 과정, 점점 무고한 부인을 의심하고 마음을 닫는 과정, 결국 죽이게 되는 과정을 지켜보면서 '오델로가 저러면 안 되는데'라고 생각하면서 마치 고구마를 먹고 음료수를 안 마신 것처럼 마음에 답답함을 느끼면서도 아무런 개입을 하지 못한 채 오셀로가 스스로 자신에게 초래하는 비극적 상황의 아이러니를 지켜보게 되는 것이다. 또 『로미오와 줄리엣』의 마지막 장면도 극적 아이러니로 구성된 바, 우리는 로미오와 줄리엣이 서로 죽은 줄 착각하고 스스로 목숨을 끊는 비극을 안타까운 마음으로 지켜보게 된다. 우리가 시청하는 막장 드라마의 경우 극적 아이러니가 빈번하게 등장하는데, 가령, 『아내의 유혹』에 등장한 '민소희'라는 인물이 점 하나를 찍고 등장하여 다른 인물로 행세하는 상황이라든지, 『왔다 장보리』라는 드라마에 등장한 '연민정'이라는 인물이 온갖 악행을 일삼아 장보리라는 인물이 누려야 할 경제적 부와 사회적 성공을 갈취하는 상황에서 극적 아이러니를 쉽게 파악할 수 있다. 작가들은 극중 인물들과 그들이 겪는 극적 아이러니를 통해서 관객/독자들로 하여금 한치 앞을 내다보지 못하는 인간 존재와 삶의 비극성이라는 주제에 대해 다시 생각해 보게 하는 계기를 마련해 줄 수 있다.

3) 기타 아이러니들

기타 아이러니들로서 우선 **상황의 아이러니(Situational irony)**는 우리가 한 말이나 행동과 반대의 상황이 예기치 않게 일어날 때, 혹은, 우리가 어떤 인물이나 사건에 대해 진짜라고 믿었으나 거짓으로 판명되는 상황을 맞이하게 될 때를 지칭한다. 가령, 어떤 여인이 남편의

성공을 위해 혼수로 받은 반지를 팔아서 노트북 컴퓨터를 샀는데, 정작 남편은 회사를 그만두고 퇴직금으로 아내에게 줄 목걸이를 사서 반지와 세트로 차고 다니라고 할 경우, 상황의 아이러니가 벌어진다. 또는 『오즈의 마법사』(The Wonderful Wizard of Oz)에서 에메랄드시 시민들은 오즈가 위대하고 절대적 능력을 지닌 마법사라고 믿었지만, 사실 그는 아무런 특별한 힘도 없는 늙은이였다는 점이 밝혀지는 상황의 아이러니가 일어난다. 상황의 아이러니는 **화자나 독자들 모두가 어떠한 상황이나 사람에 대해 잘못 판단한 결과를 맞이하게 되는 경우**이며, 때문에 시인은 독자들로 하여금 눈에 보이는 현실을 무조건 믿지 말고 비판적 시선을 지녀야 함의 중요성과 권력자의 절대 권위에 도전하는 태도를 가지는 것의 중요성을 제시하고자 하는 의도를 가지고 사용한다.

두 번째로 **운명의 아이러니(Cosmic Irony, "irony of fate")**가 있는데, 그것은 신의 의도가 인간의 의도와 다른 결과를 낳게 되는 경우에 해당한다. 가령, 『오이디푸스왕』에서 오이디푸스는 아버지를 죽이고 어머니와 결혼하게 된다는 끔찍한 신탁을 피하기 위해 다른 나라로 떠났지만, 결국 그는 신탁대로 자신의 친부를 죽이고 친모와 결혼하는 운명의 아이러니를 맞이한다. 운명의 아이러니는 결정론적 세계관을 반영하며, 신의 의지 앞에서 인간의 한없는 무력감을 극대화하는 효과가 있다.

세 번째로 **역사적 아이러니(Historical Irony)**가 있는데, 이것은 실제 일어났던 역사적 발견이나 사건이 나중에 보니 당초의 목적과 정반대되는 효과를 가지게 되었음을 깨닫게 하는 장치이다. 가령, 노벨은 다이너마이트를 만들어냈지만, 자신의 발견이 수많은 생명을 해칠 수 있는 무기로 사용될 수 있다는 점을 깨닫고 노벨상을 제정하였다. 역사적 아이러니는 우리로 하여금 과거 역사를 바라보며 아이러니를 깨닫고 미래 세대를 위해 활동을 해야 할 것을 깨닫게 하고 윤리적 책임의식에 대해 사유할 수 있는 계기를 마련해 준다.

마지막으로 소크라테스의 아이러니(**Socratic Irony**)가 있는데, 이것은 소크라테스의 토론 방식에서 유래한 것으로서 소크라테스는 상대방의 논점이 비논리적이라는 점을 도출하기 위하여 무지함을 연출하였다. 즉, 의도적으로 상대방보다 지식과 정보가 더 적은 척을 한 것이다. 소크라테스의 아이러니는 어찌 보면 극적 아이러니에 해당할 수 있지만, 토론을 지켜보는 관객/독자가 논쟁자가 보여주는 무지함의 연출을 즉각적으로 알 수 있는 것은 아니기 때문에 다른 종류의 아이러니라고 할 수 있다. 그러므로 소크라테스의 아이러니는 논쟁 상황의 경우에만 적용되는 수사 장치라고 하겠다.

그럼 이제 오든의 「무명 시민」에서 사용된 아이러니를 이해해 보고 '정부의 통제와 시민의 주권'이라는 주제에 대해 시인이 독자들에게 전달하고자 하는 메시지를 생각해 보기로 하자.

The Unknown Citizen
by W. H. Auden

(To JS/07 M 378
This Marble Monument
Is Erected by the State)

He was found by the Bureau of Statistics to be
One against whom there was no official complaint,
And all the reports on his conduct agree
That, in the modern sense of an old-fashioned word, he was a saint,
For in everything he did he served the Greater Community.
Except for the War till the day he retired
He worked in a factory and never got fired,
But satisfied his employers, Fudge Motors Inc.
Yet he wasn't a scab or odd in his views,
For his Union reports that he paid his dues,
(Our report on his Union shows it was sound)
And our Social Psychology workers found
That he was popular with his mates and liked a drink.
The Press are convinced that he bought a paper every day
And that his reactions to advertisements were normal in every way.
Policies taken out in his name prove that he was fully insured,
And his Health-card shows he was once in hospital but left it cured.
Both Producers Research and High-Grade Living declare
He was fully sensible to the advantages of the Instalment Plan
And had everything necessary to the Modern Man,
A phonograph, a radio, a car and a frigidaire.
Our researchers into Public Opinion are content
That he held the proper opinions for the time of year;
When there was peace, he was for peace: when there was war, he went.
He was married and added five children to the population,
Which our Eugenist says was the right number for a parent of

his generation.
And our teachers report that he never interfered with their education.
Was he free? Was he happy? The question is absurd:
Had anything been wrong, we should certainly have heard.

1. 위의 시에서 사용된 아이러니의 사례들을 찾아보고 표면적 의미와 속뜻을 분석해 보자.

2. 위의 시에서 정부가 행하는 '무명 시민의 기림'과 '무명 용사의 기림' 사이에 존재하는 본질적인 차이점은 무엇인가?

3. 오든이 21세기 한국 사회에서 SNS 매체들을 통해 인정을 받는 '유명 시민'(known citizen)에 대해서 의견을 말하는 것을 상상해 보자. 과연 그는 과연 어떤 논평을 할까? 오든의 시를 다시 써 보는 작업을 한 번 해 보기로 하자.

다음의 시에서 클레그혼은 아이러니를 사용하여 독자들에게 어른들의 놀이와 아이들의 노동을 대조적으로 보여주는 가운데 유아 노동 착취에 대한 사회비판 의식을 설득력있게 제시하고 있다.

The Golf Links
by Sarah Cleghorn

The golf links lie so near the mill
  That almost every day

The laboring children can look out
  And see the men at play.

1. 위의 시에서 사용된 극적 아이러니의 표면적 의미와 실제 의도를 설명해 보자.

2. 시인이 아이러니를 사용해서 독자들로 하여금 사유하게 하는 점들은 무엇일까?

3. golf link가 상징으로 기능한다는 점을 고려할 때, 그 상징적 의미는 무엇일까?

4. 시인이 비판하는 점에 대한 건설적인 대안은 어떤 것이 있을지 생각해 보자.

다음의 시에서 하디는 나이 차이가 많이 나는 부부의 대화를 그려내고 있다. 겉으로 보기에 평범하고 일상적인 부부사이의 대화 같지만, 남편이 '어린' 아내를 대하는 태도와 아내가 보이는 태도 사이에 차이가 있다는 점이 점점 드러나는 가운데, 독자들은 '어린' 아내에 대한 또 진실을 짐작하게 되고 적지 않은 충격을 받게 된다.

The Workbox
by Thomas Hardy

See, here's the workbox, little wife,
  That I made of polished oak.'

He was a joiner, of village life;
 She came of borough folk.

He holds the present up to her
 As with a smile she nears
And answers to the profferer,
 "Twill last all my sewing years!'

'I warrant it will. And longer too.
 'Tis a scantling that I got
Off poor John Wayward's coffin, who
 Died of they knew not what.

'The shingled pattern that seems to cease
 Against your box's rim
Continues right on in the piece
 That's underground with him.

'And while I worked it made me think
 Of timber's varied doom;
One inch where people eat and drink,
 The next inch in a tomb.

'But why do you look so white, my dear,
 And turn aside your face?
You knew not that good lad, I fear,
 Though he came from your native place?'

'How could I know that good young man,

Though he came from my native town,
When he must have left there earlier than
I was a woman grown?'

'Ah, no. I should have understood!
It shocked you that I gave
To you one end of a piece of wood
Whose other is in a grave?'

'Don't, dear, despise my intellect,
Mere accidental things
Of that sort never have effect
On my imaginings.'

Yet still her lips were limp and wan,
Her face still held aside,
As if she had known not only John,
But known of what he died.

1. 위의 시에서 사용된 극적 아이러니에 대해 설명해 보자.

2. timber's varied doom을 신비로운 인연을 상징하는 것으로 본다면, 남편과 아내, 그리고 죽은 청년은 어떠한 관계를 지니는 것으로 해석할 수 있을까?

3. 극적 아이러니를 이해하고 남편과 아내의 관계를 다시 생각해 볼 때, 남편이 일방적으로 속고 있다고 할 수 있을까? 부부 관계에서 상대방에게 말하지 않은 비밀을 가지고 있을 때, 어떻게 하는 것이 올바른 것일까?

4. 시인이 독자들과 소통하고 싶은 인생의 비극적 진리는 무엇일까?

다음의 시에서 블레이크는 19세기 영국사회에서 자행된 유아 노동의 착취에 대해 비판하기 위해 극적 아이러니를 사용하고 있다. 이 시에 등장하는 유아 화자의 입장이 되어 그의 천진난만한 목소리를 상상하며 그를 둘러싼 아이러니가 자아내는 파토스에 대해 생각해 보자.

The Chimney-Sweeper
by William Blake

When my mother died I was very young,
And my father sold me while yet my tongue
Could scarcely cry 'Weep! weep! weep! weep!'
So your chimneys I sweep, and in soot I sleep.

There's little Tom Dacre, who cried when his head,
That curled like a lamb's back, was shaved; so I said,
'Hush, Tom! never mind it, for, when your head's bare,
You know that the soot cannot spoil your white hair.'

And so he was quiet, and that very night,
As Tom was a-sleeping, he had such a sight!--
That thousands of sweepers, Dick, Joe, Ned, and Jack,
Were all of them locked up in coffins of black.

And by came an angel, who had a bright key,
And he opened the coffins, and set them all free;
Then down a green plain, leaping, laughing, they run

And wash in a river, and shine in the sun.

Then naked and white, all their bags left behind,
They rise upon clouds, and sport in the wind;
And the angel told Tom, if he'd be a good boy,
He'd have God for his father, and never want joy.

And so Tom awoke, and we rose in the dark,
And got with our bags and our brushes to work.
Though the morning was cold, Tom was happy and warm:
So, if all do their duty, they need not fear harm.

1. 위의 시에서 사용된 표현의 아이러니와 극적 아이러니의 사례들을 찾고, 자세히 설명해 보자.

2. 다음의 그림을 보고, 블레이크가 천진한 유아들을 등장시킨 이유와 시적 효과에 대해 생각해 보자.

3. 위 시에 등장하는 유아들과 "The Golf Links"에 등장하는 아이들 사이의 차이점이 있을까? 있다면 어떤 점에서 그러한지, 없다면 왜 그렇게 생각하는지 설명해 보자.

4. 시의 마지막 행 "그러니, 모두가 각자의 의무를 다 한다면, 아무 것도 두려워할 필요가 없어"라는 시행에서 블레이크는 객관적 진실을 전달하는 것일까 혹은 표현의 아이러니를 사용하는 것일까?

Irony

***Definition:**
Irony is a figure of speech in which words are used in such a way that their intended meaning is different from the actual meaning of the words. It may also be a situation that ends up in quite a different way than what is generally anticipated. In simple words, it is a difference between appearance and reality. Irony may be comical, bitter or sometimes unbearably offensive. A bitter irony is often called a **Satire**. By using Irony, a poet makes the poetic message/truth of a subject more intriguing, and forces the readers to use their imaginations to comprehend the underlying meanings of what is said or appears to happen since the real life is full of ironical expressions and situations.

Types of Irony:
There are (1) verbal irony, (2) dramatic irony and (3) situational irony. Verbal irony involves the discrepancy between what one

says and what one actually means or intends. For example, in response to a foolish idea, someone may say, "What a great idea!" This is an example of a verbal irony. A dramatic irony involves characters and the audience, who show different levels of knowledge concerning a situation. There occurs a discrepancy between a speaking character and a listener/the audience. A situational irony involves a discrepancy between the expectation of a situation and the actual happening. For instance, a speaker may laugh at the misfortune of another while both of them do not know that the same misfortune is about to befall the speaker.

cf) Difference Between a Dramatic Irony and a Situational Irony:

In a situational irony, both the speaker and the audience **are fully unaware of the implications of the apparent situation**. In a dramatic irony, the speaker is oblivious of the situation, but the audience are not. For example, in Shakespeare's *Romeo and Juliet*, the audience know well before the characters that each character misunderstand the situation and are going to die.

*** Examples:**

- Saying "Oh, fantastic!" when the situation is actually very poor.
- One got in a car accident and said "Lucky me!"
- As sunny as day in winter in Hamheung.
- This car goes as fast as a Samcheonlli bicycle.
- He's as nice as a lion to his prey.
- The server at the restaurant was as helpful as a feral cat.

- Her car is as clean as a convenience store trash-can.
- She is as polite as a shark.
- Oh great! Now you have broken my new camera.
- The doctor is as kind hearted as a wolf.
- The desert was as cool as a bed of burning coals.
- My friend's kids get along like cats and dogs.
- Their new boss was as civilized as a shark.
- The new manager is as friendly as a rattlesnake.
- A vehicle was parked right in front of the no-parking sign.

- **An example of verbal and dramatic irony in the Greek drama *Oedipus Rex*, by Sophocles**

"Upon the murderer I invoke this curse whether he is one man and all unknown, Or one of many may he wear out his life in misery to miserable doom!" (It was predicted that a man guilty of killing his father and marrying his own mother brought A curse on the city and its people. In the above-mentioned lines, Oedipus curses the man who is the cause of the curse. He is ignorant of the fact that he himself is that man, and thus he is cursing himself. The audience, on the other hand, knows the situation)

- An example of verbal irony in *Othello* by William Shakespeare

OTHELLO: "O, thou art wise! 'Tis certain" (IV.I.87), "Honest Iago . . . " (V.II.88), (II.III.179) & (I.III.319), "I know, Iago, Thy honesty and love doth mince this matter" (II.III.251-52).
IAGO: "My lord, you know I love you." (III.III.136)

제 8장 풍자(Sarcasm)와 역설(Paradox)

1. 풍자

풍자는 대상에 대한 비판을 목적으로 재치 있게 비꼬는 수사적 장치이며 종종 아이러니와 함께 풍자문학(Satire) 장르를 구성하는 요소가 된다. 풍자문학은 주로 사회, 정부, 기업가, 권력자, 유명인 등등이 자행하는 소위 '갑질'에 해당하는 언행을 비꼬고 조롱하며, 궁극적으로 개선책을 사유해 보는 계기를 마련해 준다. 풍자는 일반적으로 병치(juxtaposition), 유비(analogy), 우스꽝스런 모방(parody), 이중의미(double entendre) 등등의 수사적 요소들로 구성된다. 풍자의 수사는 종종 도입에 대한 암시로 시작되며 언중유골처럼 장난스럽게 구사되기도 하고, 표현의 아이러니와 함께 구사되기도 하며, 의도적으로 심각하게, 상대방에게 상처를 줄 정도로 신랄한 표현으로 구사되기도 한다.

풍자는 4대 문명 발상지에서 오래 전부터 사용된 수사 장치로서 권력집단의 과도한 억압이나 비인간적인 대우에 대한 저항의 수단으로 이용되어왔다. 가령, 호러스형(Horatian)은 시인 호러스(Horace)가 애용했던 풍자 방식으로서 재치 넘치는 언중유골의 풍자이다. 이 형식은 인간의 보편적인 어리석음과 사회적 관습이나 전통의 뒤처짐과 같은 것들을 풍자의 소재로 삼으며, 청자들과 함께 유쾌하게 한바탕 웃는 것을 목적으로 삼는다. 주브날형(Juvenalian)은 시인 쥬브날(Juvenal)이 애용했던 풍자 방식으로서, 고위 관리나 정부 정책에 대해 날카로운 비판을 하는 것을 목적으로 삼는다. 권력자들이나 정책이 단순히 나쁜 차원을 떠나 악한 본질을 가지고 있음을 파헤치기 위해 심한 조롱이 섞인 표현을 사용하며 논쟁을 불러일으키기도 한다. 메니피언형(Menippean)은 집착형 인간들의 모습을 우스꽝스럽게 패로디하여 창피를 주고자 한다. 과거이든 현대이든 작가들은 풍자의 수사를 적극적으로, 재치있게 구사하여 참과 거짓, 선과 악, 미와 추에 대한 독자들의 의식을 자극하고 사회변화에 대한 희망과 의지를 반영하곤 한다. 가령 마크 트웨인(Mark Twain)은 『허클베리핀의 모험』(*The Adventure of Huckleberry Finn*)에서 노예 짐(Jim)과 노예 주인 미스 왓슨(Miss Watson)의 인물을 통해서 풍자의 수사를 구사하며 '흑인 노예'가 미개한 인간 이하의 존재가 아니라는 점뿐만 아니라 '선한 기독교인 여성'도 의지적으로 의식을 일깨우지 않는 한 인간을 노예로 부리는 사회적 악행에 동참하고 있다는 점을 비판적으로 지적한다. 조지 오웰(George Orwell)의 『동물농장』(*Animal Farm*) 역시 깊은 사회비판의식을 담고 있는 풍자문학에 해당한다.

다음의 운문에서 셰익스피어는 앤서니가 풍자의 수사를 사용하여 브루투스의 죽음을 정당화하는 방식을 보여주고 있다.

from **Julius Caesar**
by William Shakespeare

MARK ANTONY: The noble Brutus
Hath told you Caesar was ambitious:
If it were so, it was a grievous fault,
And grievously hath Caesar answer'd it.
Here, under leave of Brutus and the rest
For Brutus is an honourable man;
So are they all, all honourable men
Come I to speak in Caesar's funeral.
He was my friend, faithful and just to me:
But Brutus says he was ambitious;
And Brutus is an honourable man.
He hath brought many captives home to Rome
Whose ransoms did the general coffers fill:
Did this in Caesar seem ambitious?
When that the poor have cried, Caesar hath wept:
Ambition should be made of sterner stuff:
Yet Brutus says he was ambitious;
And Brutus is an honourable man.

1. Marcus Brutus 와 Mark Anthony는 각각 누구인가?

2. Anthony가 Brutus에 대해서 설명하면서 "honorable"을 반복하는 이유는 무엇인가?

3. 셰익스피어가 앤서니의 정치적 화법을 제시하면서 독자들에게 사유하기를 바라는 인간 심리에 대한 요점은 무엇인가?

다음의 시에서 로버트 크릴리는 매우 수수께끼 같은 상황을 묘사한 뒤 풍자적인 반전을 제시함으로써 독자들을 깜짝 놀라게 하는 수사법을 펼치고 있다.

Oh No
by Robert Creeley

If you wander far enough
you will come to it
and when you get there
they will give you a place to sit

for yourself only, in a nice chair,
and all your friends will be there
with smiles on their faces
and they will likewise all have places.

1. 위의 시에서 풍자적으로 제시되는 인간의 심리와 인생의 진리는 무엇일까?

2. 이러한 풍자를 통해 시인이 독자들과 공감을 나누고자 하는 메시지는 무엇일까?

크릴리와 마찬가지로, 흑인 시인 카운티 컬른 역시 풍자의 수사를 통해 백인 안주인의 몰염치를 비판적인 시선으로 제시한다.

For a Lady I know
by Countee Cullen

She even thinks that up in heaven
Her class lies late and snores,
While poor black cherubs rise at seven
To do celestial chores.

1. 위의 시에서 풍자되는 백인 안주인의 행태에 대해 설명해 보자.

2. 풍자의 수사를 통해 시인이 흑인에 대해, 혹은 흑백 인종관계에 대해 독자들에게 제시하고자 하는 시적 진실은 무엇인지 논의해 보자.

다음의 시에서 콘스탄스 어당은 '정신병원의 미학'이라는 풍자의 수사를 통해 고아들의 비참한 현실에 대해 고발하고 있다.

Aesthetics of the Asylum
by Constance Urdang

The sober reality
Was a double line of orphans in blue smocks
Marching above the blue river
Under the smoky eye of winter.
It is possible to envy them;
The picture of which they forms a part
Was so well composed,

In shades of blue and smoke
And the dull brick red of the asylum walls;
How orderly and tranquil the effect
Of the wintry ranks of children
Under the silent sky.

1. 다음의 정신병원의 그림을 보고 위의 시에서 풍자적으로 묘사되는 고아들의 현실에 대해 설명해 보자.

2. 시의 제목이 지닌 표현의 아이러니에 대해 설명해 보자. 정신병원에 갇힌 사람들은 과연 누구일까?

3. 이 시에서 사용되는 다양한 심상들이 풍자의 수사를 어떤 식으로 강화시키는지 설명해 보자.

4. 풍자를 통해 시인이 독자들에게 전달하는 사회비판에 대해 논해 보자. 가난한 고아들에게 '인간다운 삶'에 대해 상상하게 하는 것은 허상을 심어주는 것일까?

2. 역설법

역설법은 논리적으로 모순되는 두 관념을 한 문장 속에 병치하여 인간의 존재나 삶에 대한 깨달음의 순간을 얻게 하는 수사 장치이다. 종종 역설의 수사를 한번 읽거나 들을 때는 의미가 곧바로 통하지 않지만, 생각을 깊이 하다보면 어느 순간 이치가 통하고 일리가 있다고 공감하게 되는 문장들이 그것이다. 일상생활 속에서 우리는 흔히 '죽을 각오를 하면 살아날 거다'라는 말을 하기도 하고 듣기도 한다. 논리적으로 따져보면 이 문장에는 '죽기로 결심한다'는 관념과 '살고자 노력한다'는 관념 두 가지가 병치되어 있으며, 이 두 가지 관념들은 이치가 통하지 않는다. 죽고자 하면 죽을 뿐이지 어떻게 죽은 사람이 다시 살아나겠는가 말이다. 하지만, 이 문장은 역설의 수사적 장치를 사용하고 있어서, '죽을 것처럼 열심히 노력하면 잘 안되고, 망했던 사람도 다시 회생할 수 있다'는 속뜻을 가지고 있다. 이러한 속뜻을 깨날을 수 있는 사람이라면 진짜로 죽을 만큼 노력해서 살 수 있겠지만, 역설의 수사를 깨우치지 못하고 이 말을 듣고도 '말도 안 되는 소리'라고 귓전으로 흘린 사람이라면 그대로 망한 상태로 절망의 나날을 보내게 될 지도 모를 일이다. 이처럼 역설의 수사는 처음 들을 때 '말도 안 되는 소리' 혹은 '수수께끼 같다'라는 반응을 할 수 있을 만큼 논리적으로 모순된 두 관념을 한 문장에 포함하고 있어야 한다. 그 두 관념 사이의 간극이 크면 클수록 역설의 수사는 독자들에게 삶에 대한 심오한 깨달음을 줄 수 있으므로, 작가들이 종종 구사하는 수사법이다.

문학 이외에도 과학자의 역설법도 종종 인구에 회자되는데, 가령, 제노의 역설 (Zeno's Paradox)은 '움직이는 것은 사실 정지해 있는 것과 같다'는 말로서 그리스 철학자 제논의 주장을 말한다. 제논의 이야기를 듣자면, 아킬레스가 100m 달리면, 거북이는 10m 앞에 가 있다. 아킬레스가 10m 더 달리면, 거북이는 1m 앞에 있다. 이와 같이 간격은 끝없이 줄일 수 있지만, 결코 사라지지 않는다. 결론은 아킬레스가 꾸준히 달리는 느림보 거북이를 영원히 따라잡을 수 없다는 것이다. 아킬레스가 훨씬 빠름에도 불구하고 간격이 사라지지는 않고 끊임없이 좁혀지기만 한다니, 움직여 봐야 소용없다는 것에 진배없다는 것이다.[1] 제노의 역설만큼 유명한 역설로는 슈뢰딩거의 고양이 역설 (Schr dinger's Cat Paradox) 이 있다. 이 역설은 '죽었으면서 동시에 살아있는 고양이'는 현실에서 불가능하다는 슈뢰딩거의 사고 실험 결과를 담고 있다. 1935년 물리학자 슈뢰딩거는 양자역학의 불완전함을 증명해 보이려고 사고 실험을 고안하였다. 1) 고양이가 상자 속에 갇혀 있다. 2) 이 상자에는 방사성 핵이 들어 있는 기계와 독가스가 들어 있는 통이 연결되어 있다. 3) 실험을 시작할 때 한 시간 안에 핵이 붕괴할 확률을 50%가 되도록 조정한다. 4) 만약 핵이 붕괴하면 독가스가 방출되어 고양이가 죽는다. 이런 일련의 가설을 세우고 실험을 함으로써 슈뢰딩거는 이 상황에서 파동함수의 표현이 고양이가 살아 있는 상태와 죽은 상태의 결합으로 나타나는 것을 비판하고 "죽었으며 동시에 살아 있는 고양이"는 실제로 존재하지 않는

---

1) 네이버 지식백과의 「제논의 역설」편에서 인용.

다는 사실에서 양자역학이 불완전하며 현실적이지 않다고 생각했다. 고양이는 반드시 살아 있거나 죽은 상태여야 하기 때문에(그 둘 사이의 어디쯤이 아닌), 양성자 역시 붕괴했거나 붕괴하지 않았거나 둘 중 하나라는 것이다.[2]

철학에서 유명한 역설은 마하트마 간디의 무저항의 저항이 있다. 그는 폭력에 의지하기 보다는 단식 투쟁을 하면서 영국의 식민주의에 저항하고 인도인들을 하나로 묶었다. 앨버트 아인쉬타인은 물리학자이지만 '미래를 가장 잘 준비하는 방법은 마치 미래가 없는 것처럼 사는 것이다'라는 역설적 수사를 통해 우리에게 현재를 살아가라는 철학적 깨달음을 주기도 하였다. 물론 가장 으뜸으로 꼽을 수 있는 역설의 수사를 구사한 철학자는 '내가 아는 것은 내가 모른다는 사실이다'라고 말한 소크라테스일테지만 말이다. 문학, 과학, 철학 등등 모든 학문 분야와 삶의 영역에서 역설의 수사는 종종 깨우침을 얻는 순간을 집중할 수 있게 하는 효과적인 수사 장치로 여겨진다. 작가들이 작품을 통해 여러 가지 수사법을 사용하여 삶에 대한 진실을 아무리 효과적으로 말한다고 해도 결국 진실을 담은 문구를 파악하고 그 속뜻을 깨닫고 '아, 그래,' 혹은 '맞아, 맞아' 하는 맞장구를 쳐야 하는 주체는 독자들이기 때문이다. 그만큼 역설의 수사는 쉬운 듯하면서도 쉽게 사용할 수 없는 문학적 장치에 해당한다고 할 수 있을 것이다. 다음의 시에서 흑인 노예 시인 던바가 활용하는 역설의 수사를 찾아보고 그 속뜻을 검토해 보자.

---

2) 네이버 지식백과의 「슈뢰딩거의 고양이」편에서 인용.

Paradox
by Paul L. Dunbar

I am the mother of sorrows,
I am the ender of grief;
I am the bud and the blossom,
I am the late-falling leaf.

I am thy priest and thy poet,
I am thy serf and thy king;
I cure the tears of the heartsick,
When I come near they shall sing.

White are my hands as the snowdrop;
Swart are my fingers as clay;
Dark is my frown as the midnight,
Fair is my brow as the day.

Battle and war are my minions,
Doing my will as divine;
I am the calmer of passions,
Peace is a nursling of mine.
Speak to me gently or curse me,
Seek me or fly from my sight;
I am thy fool in the morning,
Thou art my slave in the night.

Down to the grave I will take thee,
Out from the noise of the strife,
Then shalt thou see me and know me--

Death, then, no longer, but life.

Then shalt thou sing at my coming,
Kiss me with passionate breath,
Clasp me and smile to have thought me
Aught save the foeman of death.

Come to me, brother, when weary,
Come when thy lonely heart swells;
I'll guide thy footsteps and lead thee
Down where the Dream Woman dwells.

1. 위의 시에서 찾을 수 있는 흑인 노예들의 현실상을 둘러싼 역설의 예들을 모두 찾아 그 의미를 해석해 보자.

2. 던바는 흑인 노예의 신분으로서 백인 주인의 자비심 덕택에 글을 배워 시를 쓰게 되었다. 스스로 생각하고 글로 표현할 수 있는 자유를 가졌지만, 여전히 노예의 신분에서 자유로울 수 없었던 던바의 처지를 상상하며, 그가 소망하는 흑인 예술가의 역할에 대해 설명해 보자.

다음의 시에서 존 던은 병에 걸려 허약해 진 상태에 처했음에도 불구하고, 역설의 수사를 사용하여 자신의 죽음을 용감하게 맞이하려는 태도를 보인다.

Death Be Not Proud
by John Donne

Death, be not proud, though some have called thee
Mighty and dreadful, for thou art not so;
For those whom thou think'st thou dost overthrow
Die not, poor Death, nor yet canst thou kill me.
From rest and sleep, which but thy pictures be,
Much pleasure; then from thee much more must flow,
And soonest our best men with thee do go,
Rest of their bones, and soul's delivery.
Thou art slave to fate, chance, kings, and desperate men,
And dost with poison, war, and sickness dwell,
And poppy or charms can make us sleep as well
And better than thy stroke; why swell'st thou then?
One short sleep past, we wake eternally
And death shall be no more; Death, thou shalt die.

1. 위의 시에서 시인은 왜 '죽음아, 잘난 척 하지 마'라고 말할 수 있는가? 시인이 용기를 낼 수 있는 근거들을 찾아서 설명해 보자.

2. 마지막 두 행에서, 시인은 '우리'라는 복수 주어를 사용하여 자신이 가진 기독교적 사유를 일반화 하고 있다. 천국에 대한 기대감이 과연 임종에 이르기까지의 두려움을 상쇄시켜줄 수 있을까?

3. 기독교도가 아닌 독자들은 시인의 사유를 어떤 식으로 재해석 할 수 있을지 한 번 생각해 보자. 죽음의 권세를 인정하지 않음으로써 두려움을 극복하려는 태도와 죽음의 권세를 수용하고 인정함

으로써 두려움을 극복하는 태도는 다른 것일까?

다음의 시에서 프로스트는 '꿈을 가진다'는 것의 역설에 대해 사유한다. 그의 역설은 독자들에게 친숙한 '희망 고문'이라는 역설과도 맞닿아 있으므로 인간의 낙관적 심리 가운데 도사리고 있는 불안감을 이해하는데 도움이 될 수 있을 것이다.

A Dream Pang
by Robert Frost

I had withdrawn in forest, and my song
Was swallowed up in leaves that blew alway;
And to the forest edge you came one day
(This was my dream) and looked and pondered long,
But did not enter, though the wish was strong:
You shook your pensive head as who should say,
'I dare not—too far in his footsteps stray—
He must seek me would he undo the wrong.'

Not far, but near, I stood and saw it all
Behind low boughs the trees let down outside;
And the sweet pang it cost me not to call
And tell you that I saw does still abide.
But 'tis not true that thus I dwelt aloof,
For the wood wakes, and you are here for proof.

1. 위의 시에서 숲과 노래가 지니는 상징적 의미에 대해 설명해 보자.

2. “달콤한 고통”(sweet pang)이라는 역설의 수사를 사용해서 프로스트가 독자들에게 전달하고자 하는 참 의미는 무엇일까?

3. 프로스트가 제시하는 진정한 용기는 무엇일까에 대해 생각해 보고 토론해 보자.

Sarcasm

***Definition:**
Sarcasm is an ironic or satirical remark that seems to be praising someone or something, but is actually mocking or biting. Sarcasm can be used to hurt or offend or can be used for comic affect.

***Examples:**
- I work 60 hours a week to be this poor.
- Well, this day was a total waste of makeup.
- Whatever kind of look you were going for, you missed.
- Not the sweetest chocolates in the box now, are we?
- Nice perfume. Must you marinate in it?
- This isn't home. It's Hell with fluorescent lighting.
- I majored in liberal arts. Will that be for here or to go?
- Don't bother me. I'm living happily ever after.

***Examples of a Sarcastic Tone of Voice:**
- When something unfortunate happens That’s just what I need, great! Terrific!
- When someone says something obvious You must be Sherlock.

- When you knowingly expect something to happen - Well what a surprise!
- When someone does something stupid - Very good, well done, nice!
- When something happens that you don’t want or need - That's just what we need!

***Famous Quotes of Sarcasm**

- The trouble with her is that she lacks the power of conversation but not the power of speech. - George Bernard Shaw
- I didn't attend the funeral, but I sent a nice letter saying I approved of it. - Mark Twain
- Honesty is the best policy -- when there is money in it. - Mark Twain
- The early bird may get the worm, but it's the second mouse who gets the cheese. - Steven Wright
- Reader, suppose you were an idiot. And suppose you were a member of Congress. But I repeat myself. - Mark Twain
- Children really brighten up a household - they never turn the lights off. - Ralph Bus

Paradox

***Definition:**

The term paradox is from the Greek word *paradoxon*, which means “contrary to expectations, existing belief, or perceived opinion.” It is a statement that may seem absurd or contain a contradiction, and yet can be true, or at least makes sense. For instance, paradoxes are often contrary to what is commonly believed or can simply be an entertaining brain teaser. Thus, a paradox often creates a witty, humorous effect on the readers because it can be thought provoking but also fun to think about the hidden meaning. By using a paradox a poet strives 1) to add a witty, amusing element to a situation and create feelings of intrigue and interest in readers' minds, 2) to make them think deeper and harder to enjoy the real message of the poem, 3) to criticize an idea in order to show its faults or to provoke a new thought.

*** Examples:**

- Your enemy's friend is your enemy.
- Less is more.
- Truth is honey, which is bitter.
- You can save money by spending it.
- I know one thing; that I know nothing.
- This is the beginning of the end.
- Deep down, you're really shallow.
- I'm a compulsive liar.
- Here are the rules: Ignore all rules.
- I only message those who do not message.

***Famous Quotes of Paradox:**

- Men work together whether they work together or apart. - Robert Frost
- What a pity that youth must be wasted on the young. George Bernard Shaw
- I can resist anything but temptation. Oscar Wilde
- All animals are equal, but some are more equal than others.-- George Orwell

- I must be cruel to be kind.--William Shakespeare
- The child is father of the man--William Wordsworth

Cf) Paradox or Oxymoron

It is common to confuse an oxymoron with a paradox. Here is the difference between the two:

- An oxymoron is a combination of two words that contradict each other. It is used for a dramatic effect.

- A paradox is a statement that describe an action or situation that seems absurd and illogical but yet make sense.

Examples of oxymoron:

- a pretty ugly thing
- a known secret
- a bitter sweet feeling
- a small crowd
- sweet sorrow

제 9장
시형식의 종류와 이해 : 서정시

지금까지 시를 분석하고 이해하기 위해 필요한 도구들과 사용법에 대해 배웠다면, 이제 다양한 종류의 시를 읽고 시인/화자를 만나 이야기를 듣고 감정을 나누어 볼 차례이다. 일반적으로, 시는 자유시와 정형시로 크게 나누어진다. 자유시(open form)란 문자 그대로 시인이 리듬, 라임, 연(stanza)의 구분, 시행(line)의 수에 개의치 않고 시의 소재에 대해 감정이 흘러가는 대로, 생각이 흘러가는 대로 자유롭게 표현을 하는 시를 의미한다. 때로는 정해진 운율을 따르다가도 즉흥적으로 파격을 한다거나 하는 것도 가능하다. 시처럼 보이지 않는 산문시(prose poetry) 역시 자유시에 해당한다. 이와 달리, 정형시(closed form)란 정해진 형식에 따라 리듬과 라임을 맞추고, 시행에서 정해진 운율을 구성하고, 각 연에 정해진 숫자의 시행을 구사하고, 시의 구조에 따라 정해진 위치에 주제를 반영하는 시행을 위치시켜야 한다. 더불어 시는 소재에 따라 다양하게 분류되기도 한다. 보통의 경우, 한국에서 사람들이 '시'를 좋아한다고 말할 때, 그때의 시는 '서정시'(lyric poetry)를 의미한다. 그만큼 한국에서는 '시'를 감정을 표현하는 문학 장르이자 매체로 이해하고 있는 셈이다. 하지만 시는 감정의 표현만큼 특별한 생각, 개인적인 소견, 사회비판의식 등등 지적인 사유를 담고 있다. 그런 시를 우리는 '지성시' (intellectual poetry)라고 부른다. 그 외에 인물들이 등장하여 대화를 나누는 '극시' (dramatic poetry)도 있으며, 한 인물의 모험담이라든가 개인사를 이야기하는 '담시' (narrative poetry, ballad), 한 집단의 흥망성쇠를 이야기하는 '서사시' (epic poetry)도 있다.

물론 시의 소재로서 가장 많이 사용되는 것은 자연경치나 사물일 것이다. 특히 시인의 경우 자신의 자아를 상징하면서 자신이 하고 싶은 말을 대변해 줄 수 있을 자연물로서 '새'를 흔히 사용한다. 일상생활에서 우리 역시 목소리가 좋거나 노래를 아름답게 부르는 사람을 '꾀꼬리같다'고 표현하고, 행동거지나 외모가 우아한 사람을 '백조같다'고 하지 않는가. 그래서인지 시인은 새에게 자의식을 투영하여 일반 독자들에게 자신의 말을 새소리처럼 자연스럽게 전달할 수 있기를 소망하는 경우가 종종 있다. 그러니 이제 새를 소재로 삼은 다음의 시를 샘플로 삼아 서정시를 감상하는 법에 대해 알아보자.

일단 영시를 감상하기 위해서 제일 처음 해야 하는 일은 1) 시텍스트 전체를 큰 소리로 두어 번 읽어 보는 것이다. 이후, 2) 사전을 찾아 모르는 단어를 번역해 가면서 시의 표면적 의미의 흐름을 전체적으로 이해하도록 한다. 이때, 잘 아는 단어라도 악센트나 음절의 수를 확인하고 이미 알고 있는 뜻 이외에 다른 뜻이 무엇이 있는지 검토하는 작업도 필요하다. 3) 세 번째로, 우리의 시선을 끄는 이미저리나 수사 장치들을 분석하고 그것들이 참신하고 기발하고 재치가 있는지 혹은 우아하고 섬세하고 아름다운지 그 효과와 적절성을 따져보아야 한다. 그래야 비로소, 4) 네 번째의 작업, 즉, 시인이 우리에게 말하고자 하는 것 혹은 소통하고자 하는 메시지가 무엇인지 해석해 볼 수 있다. 5) 가장 마지막으로 시인의 노래와 새의 본연의 노래 둘 중에서 어느 것이 더 아름다운지 의견을 말해보고 글로 적어 보면서, 나름대로 이 시가 하나의 예술작품으로서 제시되었는데 형식과 내용이 유기적으로, 군더더기 없이 깔끔하게 어우러져 아름다운 맛을 내고 있는가, 다른 사람에게도 '한번 맛봐'라고 권유하고 싶은가를 생각해 보면서 이 시에 대한 자신의 선호도를 평가하는 작업을 할 수 있다. 이때의 평가 작업은 '제 눈에 안경'이라는 말이 있듯이, 각각의 독자가 자신이 선호하는 '맛'을 기준으로 그에 따라 하면 될 것이지, 굳이 전문적인 비평가의 미식 취향에 자신의 입맛을 맞출 필요는 없다고 여겨진다. 자신의 감상을 적는 가운데 자신이 염두에 두었던 아름다움에 대한 의식과 시작품의 아름다움이 맞아 떨어지는 순간 '아 맞아, 그렇지'라고 느끼고 시를 읽는 행복감이 피어오를 것이기 때문이다. 물론, 일반적으로 대부분의 사람들이 달콤한 맛을 선호한다는 사실을 고려한다면, 독자들 역시 초보 감상자의 단계에서는 전문 비평가들이 제시하는 맛 평가를 참조하는 것도 나쁘지는 않을 것이다.

1. 시인의 서정

윌리엄 윌리엄즈는 시를 정의하며 "Poetry is the spontaneous overflow of powerful feelings: it takes its origin from emotion recollected in tranquility"라고 하였다. 즉, 시인은 어떤 자연물, 사건, 인물에 대해 분명히 감정이 용솟음치고 넘쳐흐르는 상태를 경험하지만 그 순간에

는 시를 쓸 수 없으며, 써서도 안 된다고 주장하였다. 다만 보통 사람들보다 감정이 예민한 사람이기에 시인은 그런 강력한 감정을 느낄 때 시로 반드시 적어야 하겠다는 필요성을 더욱 강렬하게 느끼게 된다는 것이다. 그러나 진정한 시인이라면 격렬한 감정을 겪은 이후 시간이 지난 뒤 소파나 의자에 앉아 차분히 그 당시의 감정을 재소환하면서 시적인 도구를 사용하여 거친 감정의 결을 가다듬고, 시어의 조탁을 통해 날것의 느낌을 정리한 뒤 독자들에게 제공하여야 독자들도 거부감없이 시인이 느꼈던 강력한 감정에 반응하고 공감할 수 있으리라고 주장하였던 것이다.

또한, 사무엘 테일러 콜리지는 시인이 달성해야 할 최종 목표를 "Willing suspension of disbelief"라고 정의하면서 시인은 삶의 진실에 대한 인간적인 관심과 그러한 진실에 버금가는 시적 진실을 "환상적인 이야기"(a fantastic tale)에 완벽하게 융합시켜 담아내야 한다고 하였다. 즉, 인간이 흥미를 보이고 관심을 가지는 소재와 주제를 허구적인 가상 세계에서 실감나는 이야기로 구성하여 독자들이 마음의 눈으로 상상하고 감각할 수 있게 해야 한다는 것이다. 그럴 때 비로소 독자들은 '진짜'에 대한 의심과 회의감을 잠깐 유보하고 과학적으로 증명하자면 틀릴 수 있는 시적 진리를 '진실'이라고 받아들이게 된다고 보았던 것이다.

일반적으로 서정시에서 화자는 시인과 동일한 인물인 경우가 대부분이어서 영시에서 "I"로 표현되는 경우, 독자들은 시인이 자기 자신의 감정이나 생각을 표현하고 있다고 전제하고 시에 반응하게 된다. 따라서 독자들은 워즈워드와 콜리지의 말을 유념한 상태에서, 시인이 왜 도저히 감정을 억제하지 못하고 시를 쓸 수밖에 없었는지, 그럼에도 불구하고 어떤 식으로 이미저리와 수사 장치들을 구사하여 자신의 감정이 과도하게 넘쳐흐르지 않도록 절제하고 있는지 그리고 과학적으로 증명하거나 믿을 수 없는 허구의 세계에 대한 이야기를 독자들이 '현실감'있게 받아들이도록 하는지 그의 가슴(감정의 요동침)과 마음(지적 활동)을 들여다보면 되는 것이다.

To the Cuckoo
By William Wordsworth

O blithe New-comer! I have heard,
I hear thee and rejoice.
O Cuckoo! shall I call thee Bird,
Or but a wandering Voice?

While I am lying on the grass
Thy twofold shout I hear;
From hill to hill it seems to pass,
At once far off, and near.

Though babbling only to the Vale
Of sunshine and of flowers,
Thou bringest unto me a tale
Of visionary hours.

Thrice welcome, darling of the Spring!
Even yet thou art to me
No bird, but an invisible thing,
A voice, a mystery;

The same whom in my school-boy days
I listened to; that Cry
Which made me look a thousand ways
In bush, and tree, and sky.

To seek thee did I often rove
Through woods and on the green;
And thou wert still a hope, a love;
Still longed for, never seen.

And I can listen to thee yet;
Can lie upon the plain
And listen, till I do beget
That golden time again.

O bless d Bird! the earth we pace
Again appears to be
An unsubstantial, faery place;
That is fit home for Thee!

이 시의 각 연을 살펴보면 일단 4행이 한 연을 이루는 quatrain의 형식을 취하고 있으며, 총 8개의 quatrain으로 구성되어 있다. 그러므로 하나의 quatrain이 한 stanza (연)를 구성하는 정형시에 해당한다는 점을 이해할 수 있다. 다음으로 각 quatrain을 살펴보면, 첫 번째 연을 구성하는 각각의 시행의 맨 마지막 단어의 마지막 소리를 살펴보자면 'heard-rejoice-bird-voice'로 압운을 이루고 있는 것을 알 수 있다. 또 이런 식의 압운 구성법이 총 8번에 걸쳐서 반복되고 있다는 점도 알 수 있다. 더불어 첫 번째 연의 시행들의 운율을 살펴보면 약강 삼음보격(iambic trimeter)을 기본으로 하고 있다는 점을 알 수 있다.

O *bli*the New-*co*mer! I have *heard*,
I *hear* thee and re*joi*ce.
O *Cuc*koo! shall I *call* thee *Bird*,
Or *but* a *wan*dering *Voice*?
(강세 부분을 이탤릭 처리함)

첫 번째 연에서 일단 이 시인이 정형화된 압운법과 운율을 사용한다는 사실은 이 시인이 소재로 삼은 소쩍새/접동새의 소리를 모방하려고 애를 쓴다는 점을 제시하여 준다. 즉, 소쩍새/접동새는 울음소리가 길지 않다. 우리가 상상하는 새소리 역시 '소쩍, 소쩍'하고 짧게 울기 때문에 시행 자체가 길 필요가 없는 것이다. 다만 정형화된 짧은 소리를 리드미칼하게 반복적으로 들려줌으로써 독자들의 무의식 속에서 시인의 노래와 새의 노래 사이의 유비관계가 형성되게 한다. 의미상으로도 'heard, rejoice, bird, voice'로 이어지는 압운은 우연히 소쩍새 소리를 듣고 반가워하는 시인의 감정을 잘 전달하고 있다. 이런 식으로 시 전체에 걸쳐서 시인이 유기적으로 구성해 놓은 소리와 의미의 상응관계를 검토해 볼 수 있다.

다음으로, 이 시인이 사용하는 이미저리에 대해 살펴보자. 소쩍새를 소재로 삼은 탓에 이 시에서 가장 중요한 이미지는 소쩍새와 관련된 청각 이미지일 것이다. 일단 몇 가지를 예로 들어보면, cuckoo, voice, twofold shout, babbling (only to the Vale), cry 가 있다. 시인이 제시하는 청각 이미지와 우리가 상상하는 소쩍새 소리를 비교하여 보면, 시인이 소쩍새에 대해 가지는 태도를 어느 정도 추측할 수 있다. 즉, 소쩍새는 나름대로 자신의 '목소리'를 크게 하여 '두 음절로 소리를 내지르지만,' 그 소리가 짧게 울리고 사라지는 탓에, 또한, 계곡에서 떨어지는 폭포 소리에 비하자면 '애기가 혀 짧은 소리를 내는 것' 같을 뿐이어서 슬프게 '울며' 날아다닌다고 제시하는 것이다. 하지만, 몇 개의 연에서는 아예 청각 이미지가 사용되지 않고 있다는 점도 주의해야 한다. 이런 연에서 시인에게 쌍을 이루거나 집단을 형성하기 보다는 홀로 날아다니는 소쩍새는 '소쩍' 우는 소리는 들리지만 잘 안 보이기에 '어디에 있는 걸까'하는 신비로운 수수께끼 같은 존재로 다가오기도 하고, 밤에 우는 소리를 들으면 시인에게 이야기를 해주며 상상의 세계로 끌고 가는 존재로서 반가운 새이기도 하다. 사실상 소쩍새는 문학 전통에서 매우 유명한 새로서 그리스 신화에서는 헤라의 새이기도 하고, 셰익스피어의 작품에서 배신당한 남편의 은유로 사용된 이후로 줄곧 불쌍하고 외로운 남자의 심정을 노래할 때 등장하는 새에 해당한다. 그런 점에서 시인은 홀로 숲을 돌아다니며 상상하기를 좋아하는 자신을 소쩍새에 비유하면서 자신이 '황금 시간'을 누릴 수 있을 때까지 계속 소쩍새를 따라다니겠다고 연대감을 표시한다.

시인과 소쩍새의 연대감은 시인이 이미 첫 번째 행부터 의인법을 사용하여 소쩍새를 자연물이 아닌 '노래하는 일'이라는 직종에 종사하는 동료로서 제시한 것으로부터도 짐작될 수 있다. 시인과 소쩍새의 동료의식은 연이 거듭될수록 강화되는데, 소쩍새를 '봄의 총아'(darling of the Spring)라고 부르기도 하고, 연모의 마음으로 '그대'(thee)를 찾아다니고, 만나기를 갈망하는 '연인'(a love)라고 부르기도 한다. 또한, 은유법을 사용하여 소쩍새를 '새가 아닌' 그 이상의 존재라고 부르며 마치 소쩍새가 인간의 '눈에 보이지 않는' 신의 '목소리'를 전달하는 영매인양 '신비로움'의 아우라를 부여하기도 한다.

Even yet thou art to me
No bird, but an invisible thing,
A voice, a mystery

마침내 시인과 소쩍새의 연대감은 시의 마지막 연에서 자연합일을 통해 고조되며, 그제서야 시인은 독자들에게 자신의 속마음, 즉, 독자들과 소통하고 싶은 이야기를 드러내게 된다.

O bless d Bird! the earth we pace
Again appears to be
An unsubstantial, faery place;
That is fit home for Thee!

축복받은 새인 소쩍새와 '우리'로서 합일을 이룬 시인은 그들이 밟고 사는 현실의 세계인 '지상'이 상상력의 힘으로 얼마든지 '현실감이 없는 요정들이 사는 곳'으로 탈바꿈될 수 있다고 여긴다. 그러면서 자신과 소쩍새를 이중적 의미 수사법을 사용하여 '그대'로 호명하는 가운데 판타지의 세계가 '그대에게 딱 맞는 집이 될 것'이라고 말하며 자기 자신의 현실초월의 지향성을 소신있게 긍정하는 태도를 전달한다.

이 정도로 시에 대한 분석을 마쳤다면, 이제 독자들은 시인이 제시한 소쩍새의 노래 소리와 소쩍새의 원래 소리와 독자 자신이 소쩍새의 노래 소리라고 상상할 수 있는 소리를 비교하는 가운데 시인의 마음에 공감(empathy)을 보일 수 있을지 생각해 보아야 한다. 필자의 경우를 말하자면, 비록 한국에서는 소쩍새에 얽힌 전설이 매우 슬픈 것이기에 영문학의 전통에서와는 다른 식의 비애감을 느끼지만, 그럼에도 불구하고 여전히 필자는 소쩍새 소리를 들으면 워즈워드가 그랬던 것처럼 허구의 세계로 빠져 들어가 '아직도 계모에게 구박받던 끝에 살해당한 누나'의 이야기를 떠올리게 되고, '그 소쩍새 누나가 아직도 동생들을 찾아 헤매며 울고 있구나'라는 상상을 덧붙이곤 한다. 그렇기에 워즈워드의 소쩍새 찬양가에 어느 정도 쉽게 공감을 할 수도 있고, 길고 아름다운 노래 소리를 뽐내는 꾀꼬리만큼은 아니지만 소쩍새도 충분히 신비로운 영매의 역할을 할 수 있다고 생각한다. 그래서 워즈워드가 건네주는 마지막 메시지와 직유의 수사(appears to be)가 탁월하다고 여기며 그에게 '그래요, 나도 당신과 함께 요정의 세계로 건너가 숲속을 거닐 며 소쩍새 소리를 듣고 싶네

요'라고 고개를 끄덕여 줄 수 있을 것 같다.

이제 다음의 시에서 에밀리 디킨슨이 어느 날 문득 길가의 돌멩이를 보고 하게 된 사색을 「소쩍새」와 마찬가지의 순서에 따라 분석하면서 그녀가 전달하려는 서정을 감상해 보자.

How happy is the little Stone
That rambles in the Road alone,
And doesn't care about Careers
And Exigencies never fears—
Whose Coat of elemental Brown
A passing Universe put on,
And independent as the Sun
Associates or glows alone,
Fulfilling absolute Decree
In casual simplicity—

1. 돌멩이의 상징적 의미는 무엇일까?

2. 위의 시에 등장하는 돌멩이와 '구르는 돌멩이에는 이끼가 끼지 않는다'는 속담에 등장하는 돌멩이는 어떤 유비관계에 놓여 있을까?

3. "absolute Decree"는 환유법에 해당한다. 그 의미는 무엇이고, 돌멩이의 존재와 어떤 상관이 있는 것일까?

4. 사교계에서 물러나 자발적 고립의 삶을 살기로 했던 디킨슨의 입장이 되어 그녀의 마음을 헤아려 볼 때, 이 시에서 살짝 드러나는 그녀의 인생관은 어떤 것인지 생각해 보자.

2. 등장인물 혹은 화자의 서정

하지만, 서정시에서 화자 "I"는 반드시 시인 자신을 의미하지 않는 경우도 비일비재하다. 시인은 개인으로서의 자신과 시인으로서의 시적 자아를 구별하는 성향을 가지고 있을 뿐만 아니라 종종 허구의 인물(persona, character)를 창조하여 그 인물을 화자로 내세우는 경우가 있다. 따라서, 서정시에서는 화자 한 명이 등장할 때도 있고, 두 명 이상이 등장할 때도 있는 것이다. 각각의 상황에 따라서 화자의 인물형성(characterization), 즉, 나이, 성별, 인종, 계층, 생김새와 성격 등등을 상상해 보고 목소리(tone)가 저음, 고음, 중저음 등등 어떠할 지를 상상하고 그 목소리에 기쁨, 행복, 슬픔, 원망, 비난, 무감각 등등 어떤 감정들이 실려 있는지에 대해 파악하는 노력을 기울여야 화자가 무슨 말을 하는지, 왜 그렇게 슬픈지 혹은 기쁜지에 대해 '아, 그래, 알았어'하는 깨달음의 순간을 맛볼 수 있을 것이다. 다음의 시에 등장하는 화자는 중병에 걸려 침대에 누워만 있어야 하는 어린 아이이다. 그의 상상력을 따라가며, 그가 진실로 소망하는 바가 무엇인지 헤아려 보자.

A Sick Child
by Randall Jarrell

The postman comes when I am still in bed.
"Postman, what do you have for me today?"
I say to him. (But really I'm in bed.)

Then he says - what shall I have him say?

"This letter says that you are president
Of - this word here; it's a republic."
Tell them I can't answer right away.
"It's your duty." No, I'd rather just be sick.

Then he tells me there are letters saying everything
That I can think of that I want for them to say.
I say, "Well, thank you very much. Good-bye."
He is ashamed, and turns and walks away.

If I can think of it, it isn't what I want.
I want . . . I want a ship from some near star
To land in the yard, and beings to come out
And think to me: "So this is where you are!

Come." Except that they won't do,
I thought of them. . . . And yet somewhere there must be
Something that's different from everything.

1. 이 시에서 화자의 나이는 얼마쯤일까? 그는 진짜 우편 배달부와 이야기를 나누고 있는 것인가?

2. 시 전체를 통해 미세하게 변화를 가지는 어린 화자의 목소리에서 어떤 감정들을 헤아려 볼 수 있는가?

3. '나는 아직 침대에 누워있다고 말하는' 이 어린 화자가 처한 상황은 어떤 것일지 상상력을 발휘하여 이해해 보자.

4. 이 어린 화자가 독자들로 하여금 '제발 알아주었으면' 하고 바라는 것은 무엇일까?

다음의 시에서 하우스만은 '인생을 즐기자' (carpe diem)의 주제를 매우 아름답고 서정적인 독백을 통해 독자들에게 전달하고 있다.

Loveliest of trees, the cherry now
by A.E. Housman

Loveliest of trees, the cherry now
Is hung with bloom along the bough,
And stands about the woodland ride
Wearing white for Eastertide.

Now, of my threescore years and ten,
Twenty will not come again,
And take from seventy springs a score,
It only leaves me fifty more.

And since to look at things in bloom
Fifty springs are little room,
About the woodlands I will go
To see the cherry hung with snow.

1. 이 시의 화자는 어떤 사람일까? 하우스만이 등장시키는 화자에 대해 상상력을 발휘하여 구체적인 인물 설정을 해 보자.

2. 다음의 그림을 보고 '봄 경치를 감상할 수 있는 70번의 기회 중에서 50번이 남았다'는 화자의 말에 실린 감정들을 추측해 보자.

3. '20번째 봄은 결코 다시 오지 않을 것'이라는 말을 통해 화자가 독자들에게 전달하고 싶은 메시지는 무엇인가?

다음의 시에서 프로스트는 사랑과 결혼의 문제에 대해 고민하는 새신랑을 등장시킨다. 그는 상대방을 지극히 사랑해서 결혼한 것은 맞는데, 막상, 결혼해 보니 자유가 없어진 것을 깨닫게 되었고, 불쌍한 나그네에게 잠자리를 내어주는 것과 같은 인류애의 실천 문제에 대해서도 아내의 눈치를 보아야 하는 현실에 처해 있다.

Love and a Question
by Robert Frost

A stranger came to the door at eve,
    And he spoke the bridegroom fair.
He bore a green-white stick in his hand,
    And, for all burden, care.
He asked with the eyes more than the lips
    For a shelter for the night,
And he turned and looked at the road afar
    Without a window light.

The bridegroom came forth into the porch
    With 'Let us look at the sky,
And question what of the night to be,
    Stranger, you and I.'
The woodbine leaves littered the yard,
    The woodbine berries were blue,
Autumn, yes, winter was in the wind;
    'Stranger, I wish I knew.'

Within, the bride in the dusk alone
    Bent over the open fire,
Her face rose-red with the glowing coal
    And the thought of the heart's desire.

The bridegroom looked at the weary road,
    Yet saw but her within,
And wished her heart in a case of gold
    And pinned with a silver pin.

The bridegroom thought it little to give
    A dole of bread, a purse,
A heartfelt prayer for the poor of God,
    Or for the rich a curse;

But whether or not a man was asked
    To mar the love of two
By harboring woe in the bridal house,
    The bridegroom wished he knew.

1.이 시에 등장하는 화자의 인물 됨됨이에 대해--가령, 나이, 외모, 성격 등등—상상력을 발휘하여 설정해 보자.

2. 결혼에 따른 책임과 의무에 대해 생각해보고 화자의 목소리에 실린 감정들은 어떤 것일지 상상해 보자.

3. 이방인의 상징적 의미는 무엇이며, 프로스트가 그를 등장시킨 이유는 무엇일까?

4. 화자를 통해 프로스트가 독자들에게 말하고 싶은 인생의 진리는 무엇일까?

다음의 시 두 편에서 블레이크는 순수의 세계와 경험의 세계에 살고 있는 화자들을 등장시킨다. 각 시에 등장하는 양과 호랑이가 지니는 상징적 의미를 생각해 보고, 화자들이 각각의 동물을 대하는 심리 상태를 추정해 보자.

The Lamb
By William Blake

Little Lamb who made thee
        Dost thou know who made thee
Gave thee life & bid thee feed.
By the stream & o'er the mead;
Gave thee clothing of delight,
Softest clothing wooly bright;
Gave thee such a tender voice,
Making all the vales rejoice!
        Little Lamb who made thee
        Dost thou know who made thee

        Little Lamb I'll tell thee,
        Little Lamb I'll tell thee!
He is called by thy name,
For he calls himself a Lamb:
He is meek & he is mild,
He became a little child:
I a child & thou a lamb,
We are called by his name.
        Little Lamb God bless thee.
        Little Lamb God bless thee.

1. 이 시의 화자의 인물 됨됨이에 대해 상상력을 발휘하여 상상해 보자.

2. 화자가 이해하는 Lamb은 어떤 동물이고, 어떤 상징적인 의미를

가지고 있을까?

3. 화자의 사고방식에 어떤 한계는 없을까? 시인이 순수한 화자를 등장시켜 독자들에게 소통하고 싶은 삶의 진리는 무엇일까?

The Tyger
by William Blake

Tyger Tyger, burning bright,
In the forests of the night;
What immortal hand or eye,
Could frame thy fearful symmetry?

In what distant deeps or skies.
Burnt the fire of thine eyes?
On what wings dare he aspire?
What the hand, dare seize the fire?

And what shoulder, & what art,
Could twist the sinews of thy heart?
And when thy heart began to beat,
What dread hand? & what dread feet?

What the hammer? what the chain,
In what furnace was thy brain?
What the anvil? what dread grasp,
Dare its deadly terrors clasp!

When the stars threw down their spears

And water'd heaven with their tears:
Did he smile his work to see?
Did he who made the Lamb make thee?

Tyger Tyger burning bright,
In the forests of the night:
What immortal hand or eye,
Dare frame thy fearful symmetry?

1. 이 시의 화자의 인물 됨됨이에 대해 상상력을 발휘하여 상상해 보자.

2. 화자가 이해하는 Tyger는 어떤 동물이고, 어떤 상징적인 의미를 가지고 있을까?

4. 화자의 사고방식에 어떤 한계는 없을까? 시인이 경험많은 화자를 등장시켜 독자들에게 소통하고 싶은 삶의 진리는 무엇일까?

제 10장
시형식의 종류와 이해: 발라드 시

발라드는 정형시이며, 종종 narrative poetry라고 불리기도 한다. 기본적으로 발라드는 기억에 남는 후렴구가 있는 노래와 유사한 형식으로 구성되어 있으며, 화자가 등장하고 공동체나 그 일원에 대한 사랑, 죽음, 사건에 대한 이야기(narrative)가 말해지는 가운데 아련한 감정이나 생각 등등을 전달하는 서정시의 특징을 가지고 있다. 흔히 구전되는 노래들, 가령, 「서동요」와 같은 노래가 발라드 시에 해당하고, 사이먼과 가펑클이 부른 「Scarborough Fair」도 발라드 시에 해당한다.

Are you going to Scarborough Fair?
Parsley, sage, rosemary and thyme
Remember me to one who lives there
For once she was a true love of mine

Have her make me a cambric shirt
Parsley, sage, rosemary and thyme
Without no seam nor fine needle work
And then she'll be a true love of mine

Tell her to weave it in a sycamore wood lane
Parsley, sage, rosemary and thyme
And gather it all with a basket of flowers
And then she'll be a true love of mine

Have her wash it in yonder dry well
Parsley, sage, rosemary and thyme
where water ne'er sprung nor drop of rain fell
And then she'll be a true love of mine

Have her find me an acre of land
Parsley, sage, rosemary and thyme
Between the sea foam and over the sand
And then she'll be a true love of mine

Plow the land with the horn of a lamb
Parsley, sage, rosemary and thyme
Then sow some seeds from north of the dam
And then she'll be a true love of mine

Tell her to reap it with a sickle of leather
Parsley, sage, rosemary and thyme
And gather it all in a bunch of heather
And then she'll be a true love of mine

If she tells me she can't, I'll reply
Parsley, sage, rosemary and thyme
Let me know that at least she will try
And then she'll be a true love of mine

Love imposes impossible tasks
Parsley, sage, rosemary and thyme
Though not more than any heart asks
And I must know she's a true love of mine

Dear, when thou has finished thy task
Parsley, sage, rosemary and thyme
Come to me, my hand for to ask
For thou then art a true love of mine

이 발라드 시에서는 4행으로 한 연이 구성되는 quatrain이 4번 반복되고 있으며, 정형의 abab압운과 약강 4음보격의 기본 발라드 운율 패턴이 반복되는 가운데 각 연에서 강약(trochaic) 4음보격의 제2행 후렴구가 기본 운율감을 가로지르는 형식이 반복되고 있다. 2행의 후렴구는 후각 이미지를 강조하며 전체적으로 남녀 사이의 관계를 규정하는 가장 중요한 요소로 기능하고 있음을 제시하는 것이다. 마치, 어떤 냄새를 맡으면 그녀가 떠오르고 그녀에 대한 그리움이 사무치듯이 말이다. 또한, 'true love'라 강강격(spondee)으로 리듬을 파괴하며 그녀만이 그 남자가 한 평생 가슴 속에 지녔던 단 하나의 진정한 사랑이었음을 강조한다. 이외에도 존 레논과 폴 매카트니가 부른 「Elenor Rigby」나 우디 구쓰리(Woody Guthrie)가 부른 「Plane Wreck at Los Gatos」 도 발라드 시에 해당한다. 우리의 대중가요 장르 발라드 역시 여기에 해당할 수 있다.

다음의 발라드 시에서는 화자가 등장하여 죽은 여인들에 대한 이야기를 담고 있다. 전문 시인이 쓴 발라드 시와 대중가요의 가사 혹은 민속 멜로디를 품은 발라드 시를 비교할 때 어떤 차이가 있는지 주의를 기울이며 다음의 발라드 시를 읽어 보자.

The Ballad of Dead Ladies
by Dante G. Rosetti

Tell me now in what hidden way is
Lady Flora the lovely Roman?
Where's Hipparchia, and where is Thais,
Neither of them the fairer woman?
Where is Echo, beheld of no man,
Only heard on river and mere--
She whose beauty was more than human?--
But where are the snows of yester-year?

Where's Heloise, the learned nun,
For whose sake Abeillard, I ween,
Lost manhood and put priesthood on?
(From Love he won such dule and teen!)
And where, I pray you, is the Queen
Who willed that Buridan should steer
Sewed in a sack's mouth down the Seine?--
But where are the snows of yester-year?

White Queen Blanche, like a queen of lilies,
With a voice like any mermaiden--
Bertha Broadfoot, Beatrice, Alice,
And Ermengarde the lady of Maine--
And that good Joan whom Englishmen

At Rouen doomed and burned her there--
Mother of God, where are they then?--
But where are the snows of yester-year?

Nay, never ask this week, fair lord,
Where they are gone, nor yet this year,
Except with this for an overword--
But where are the snows of yester-year?

1. 이 시에서 화자는 누구인가?

2. 이 화자는 어떤 사건을 이야기 하고 있는가?

3. 시인이 발라드 형식을 빌려 사유하는 인생의 진리는 어떤 것일까?

다음의 시에서 프로스트는 셰익스피어의 비극 『맥베쓰』의 주인공 맥베쓰가 부인의 자살 소식을 듣고 인생무상을 느끼며 내뱉는 독백을 인유하면서, 한 소녀에게 닥친 비극적인 사건에 대한 이야기를 펼쳐낸다.

Out, Out
by Robert Frost

The buzz-saw snarled and rattled in the yard
And made dust and dropped stove-length sticks of wood,
Sweet-scented stuff when the breeze drew across it.
And from there those that lifted eyes could count
Five mountain ranges one behind the other

Under the sunset far into Vermont.
And the saw snarled and rattled, snarled and rattled,
As it ran light, or had to bear a load.
And nothing happened: day was all but done.
Call it a day, I wish they might have said
To please the boy by giving him the half hour
That a boy counts so much when saved from work.
His sister stood beside them in her apron
To tell them "Supper." At the word, the saw,
As if to prove saws knew what supper meant,
Leaped out at the boy's hand, or seemed to leap—
He must have given the hand. However it was,
Neither refused the meeting. But the hand!
The boy's first outcry was a rueful laugh,
As he swung toward them holding up the hand
Half in appeal, but half as if to keep
The life from spilling. Then the boy saw all—
Since he was old enough to know, big boy
Doing a man's work, though a child at heart—
He saw all spoiled. "Don't let him cut my hand off—
The doctor, when he comes. Don't let him, sister!"
So. But the hand was gone already.
The doctor put him in the dark of ether.
He lay and puffed his lips out with his breath.
And then—the watcher at his pulse took fright.
No one believed. They listened at his heart.
Little—less—nothing!—and that ended it.
No more to build on there. And they, since they
Were not the one dead, turned to their affairs.

참고) 맥베드의 대사 5막 5장

"Tomorrow, and Tomorrow, and Tomorrow"

She should have died hereafter;
There would have been a time for such a word.
Tomorrow, and tomorrow, and tomorrow,
Creeps in this petty pace from day to day
To the last syllable of recorded time,
And all our yesterdays have lighted fools
The way to dusty death. Out, out, brief candle!
Life's but a walking shadow, a poor player
That struts and frets his hour upon the stage
And then is heard no more: it is a tale
Told by an idiot, full of sound and fury,
Signifying nothing.

제 11장
시형식의 종류와 이해: 소넷

소넷은 14행 약강 운율로 이루어진 정형시이며 이탈리아의 음유시인들의 노래로 시작되었다. 소넷은 기본적으로 이탈리아의 Italian Sonnet/Petrarchan Sonnet과 영국의 Shakespearean Sonnet 두 종류가 있다. 전자는 'abbaabba'의 정형 압운을 지닌 8행 Octave와 'cdecde'의 정형 압운을 지닌 6행 Sestet으로 구성되어 있으며 8행에서 화자는 시의 소재가 된 문제에 대해 이야기 하고, 6행에서 해결의 실마리나 주제를 제시한다. 후자는 영국에 수입되어 발전한 형식으로서 'ababcdcdefefgg'의 정형의 압운을 지닌 14행으로 구성되며 화자가 문제를 제시하고 발선시키다가 마시막 2행에서 해결책이나 주세를 제시한다. 서정시에 해당하며 일반적으로 사랑, 슬픔, 죽음 등등에 대한 상념과 감정을 담고 있지만, 거의 모든 주제에 대한 소넷이 만들어졌다고 보아도 무방할 것이다. 다음은 페트라르칸 소넷의 예이다.

Grief
by Elizabeth Barrett Browning

I tell you, hopeless grief is passionless—
That only men incredulous of despair,

Half-taught in anguish, through the midnight air,
Beat upward to God's throne in loud access
Of shrieking and reproach. Full desertness
In souls, as countries, lieth silent-bare
Under the blenching, vertical eye-glare
Of the absolute Heavens. Deep-hearted man, express
Grief for thy Dead in silence like to death;
Most like a monumental statue set
In everlasting watch and moveless woe,
Till itself crumble to the dust beneath!
Touch it! the marble eyelids are not wet—
If it could weep, it could arise and go.

1. 이 시의 압운과 운율을 검토하며 소리의 패턴을 이해해 보자.

2. 시인은 비탄에 빠진 심리상태 대해 독자들에게 공감을 불러일으키기 위해 이미저리와 수사법들을 사용하고 있다. 그 구체적인 사례들을 찾아보고, 의미를 해석해 보자.

3. 비탄에 대해 나름대로 결론을 내리는 화자의 목소리를 상상해 보고 거기에 어떤 감정이 실려 있을지 생각해 보자.

4. 독자들은 화자가 내린 결론에 대해 어떻게 생각하는가? 나름대로 자신의 의견을 말해 보자. ([참고] Grief 는 a feeling of extreme sadness를 의미함)

다음은 셰익스피어식 소넷을 창시한 셰익스피어의 소넷이다. 상상력을 발휘하여 사랑하는 님을 다양한 사물에 비유하는 화자의 마음을 헤아려 보자.

Sonnet 18
by William Shakespeare

Shall I compare thee to a summer's day?
Thou art more lovely and more temperate:
Rough winds do shake the darling buds of May,
And summer's lease hath all too short a date:
Sometime too hot the eye of heaven shines,
And often is his gold complexion dimmed,
And every fair from fair sometime declines,
By chance, or nature's changing course untrimmed:

But thy eternal summer shall not fade,
Nor lose possession of that fair thou ow'st,
Nor shall death brag thou wand'rest in his shade,
When in eternal lines to time thou grow'st,
So long as men can breathe or eyes can see,
So long lives this, and this gives life to thee.

1. 이 시의 운율과 압운을 검토하며, 화자가 이루어내는 소리의 패턴이 그의 심리상태를 어떤 식으로 반영하고 있는지 설명해 보자.

2. 화자의 사랑 고백에 따르면, 화자가 사랑하는 여인에게 해 줄 수 있는 최상의 선물은 무엇인가?

3. 화자가 사용하는 이미저리와 비유법은 무엇이며, 기대만큼 효과적인가?

4. 독자들이 상대방의 입장이라면 화자의 사랑 고백에 어떤 반응을 보이겠는가?

셰익스피어의 이 소넷시는 너무 유명하여 현대 시인 하워드 모스(Howard Moss)가 다음과 같이 패러디를 하였다.

Shall I compare thee to a summer's day?

Who says you're like one of the dog days?
You're nicer. And better.
Even in May, the weather can be gray,
And a summer sub-let doesn't last forever.
Sometimes the sun's too hot;
Sometimes it is not.
Who can stay young forever?
People break their necks or just drop dead!
But you? Never!
If there's just one condensed reader left,
Who can figure out the abriged alphabet,
After you're dead and gone,
in this poem you'ill live on!

1. 셰익스피어의 원전과 모스의 패러디가 보여주는 가장 큰 차이는 무엇인가?

2. 화자가 말하는 방식의 차이가 실제 사랑의 진실성에 얼마나 영향을 미치고 있는가?

3. 독자가 상대방이라면, 과장이 섞인 달달한 고백과 투박하지만 직설적인 고백 두 가지 중에서 어느 쪽을 더 선호하겠는가? 그 이유는 무엇인가?

제 12장
시형식의 종류와 이해: 블루스 시와 힙합 시

1. 블루스 시

블루스 시는 미국 흑인들의 구전 음악이자 서민 음악인 블루스의 감성과 형식적 요소를 차용한 대중성이 강한 시이다. 블루스는 노래하는 이의 서글픈 감정, 피곤하고 지친 감정, 죽고 싶은 감정, 절망과 한탄의 감정 등등을 표현하는 서민 음악으로서 초반부에 블루스 소재로 사용되는 감정이 말해하고, 다양한 상황에서 그 감정이 변주되다가 "죽고 싶다," "태어나지 말았으면 좋았겠다" 등등의 흔한 후렴구가 반복적으로 등장하여 감정을 고조시키고 음악이 끝이 난다. 애초에 블루스 음악 자체가 흑인 노예들이 극심한 노동을 하면서 잠깐 쉬는 사이 혹은 하루의 노동이 끝난 뒤 집에서 만든 밀주 한잔을 마시면서 '죽지 못해 사는' 심경을 읊조리던 것에서 시작되었기 때문에, 블루스 시는 기본적으로 화자의 감정의 토로를 주된 목적으로 삼는다. 레드 벨리(Lead Belly) 가 부른 「Good Morning Blues」의 한 스탠자를 예로 들어 보자.

Good morning blues. How do you do?
Good morning blues. How do you do?
I'm doing all right. Good morning. How are you?

이 블루스 시는 평범하고 일상적인 구어체로 발라드의 약강 4보격을 따르지만, 아이러니 수사가 사용되고 있으므로, 화자가 미소 지으면서 건네는 아침 인사를 상상하면서 그 사람이 미소짓는 눈 속에 그리고 목소리에 감춘 슬픔을 추측해 보는 것이 필요하다. 동시에 응대를 하는 또 한 사람의 일상적인 아침 인사와 목소리 그리고 화자를 바라보며 '당신은 어떤가요?'라고 속마음을 짐작해 보는 것이 필요하다. 과연 두 사람이 모두 블루스를 부르고 싶은 심정인 것인지 아니면 한 사람은 전혀 눈치를 채지 못하고 그저 일상적으로 '당신은 어떤가요?'라고 해맑게 물어보는 것인지를 말이다. 매우 단순한 듯 보이지만 반대로 너무 복잡다단해서 말로 표현할 수 없는 심경을 표현할 수 있기에 블루스 시는 그 자체로 강력한 텐션을 함축적으로 전달할 수 있는 효과적인 매개체가 된다.

블루스 서민 음악 형식과 서정의 텐션을 차용하여 본격적으로 시를 썼던 대표적인 시인으로는 랭스턴 휴즈를 들 수 있다. 그는 블루스 음악의 형식상의 특징들을 포함하지만, 전통적인 영시형식에 블루스 스탠자를 삽입하거나 블루스 서정을 노래한다거나 하는 식으로 시적 변형을 가미하였다. 또한, 아직도 대부분이 미국의 하류계층을 구성하는 소외받는 흑인들의 고단한 삶을 소재로 삼아 그는 흑인 서민들의 정제되지 않은, 문법에 어긋나는 흑인 언어로 흑인 서민 화자의 '한이 서린 흥'이라는 복합적인 심경을 함축적으로 표현해 냈다. 그럼으로써, 차마 말로 다 하지 못할 삶의 비극과 응어리진 감정들을 블루스 노래로 풀고 다시 살아갈 힘을 끄집어내는 흑인 서민들의 강인한 생명력과 정신을 찬양하였다. 휴즈의 대표적인 블루스 시 모음집은 『지친 삶의 블루스』(The Weary Blues)로서 각양 각생의 화자들이 다양한 상황에서 내 뱉는 블루스 서정, 즉, 억울하고, 화나고, 서글픈 심정을 그저 독백하듯 하소연하는 목소리에 담아 실감나게 구현하였다.

The Blues
by Langston Hughes

When the shoe strings break
On both your shoes
And you're in a hurry-
That's the blues.

When you go to buy a candy bar
And you've lost the dime you had-
Slipped through a hole in your pocket somewhere-
That's the blues, too, and bad!

1. 시인이 정의하는 블루스는 무엇인가? 그의 설명을 듣고 독자들이 자신의 입말과 표현으로 그 설명을 다시 써 보자.

2. 맨 마지막 행에서, 화자는 왜 블루스가 "bad"라고 말하는 걸까? '좋은' 블루스와 '나쁜' 블루스는 무슨 차이가 있는 것일까?

The Weary Blues
by Langston Hughes

Droning a drowsy syncopated tune,
Rocking back and forth to a mellow croon,
    I heard a Negro play.
Down on Lenox Avenue the other night
By the pale dull pallor of an old gas light
    He did a lazy sway . . .
    He did a lazy sway . . .
To the tune o' those Weary Blues.
With his ebony hands on each ivory key
He made that poor piano moan with melody.
    O Blues!
Swaying to and fro on his rickety stool
He played that sad raggy tune like a musical fool.
    Sweet Blues!
Coming from a black man's soul.
    O Blues!
In a deep song voice with a melancholy tone
I heard that Negro sing, that old piano moan—
    "Ain't got nobody in all this world,
     Ain't got nobody but ma self.
     I's gwine to quit ma frownin'
     And put ma troubles on the shelf."

Thump, thump, thump, went his foot on the floor.
He played a few chords then he sang some more—
    "I got the Weary Blues

        And I can't be satisfied.
        Got the Weary Blues
        And can't be satisfied—
        I ain't happy no mo'
        And I wish that I had died."
    And far into the night he crooned that tune.
    The stars went out and so did the moon.
    The singer stopped playing and went to bed
    While the Weary Blues echoed through his head.
    He slept like a rock or a man that's dead

1. 화자는 어떤 사람이고 왜 밤이 다 새도록 블루스를 읊조리는 것일까? 상상력을 발휘하여, 그의 인물 됨됨이와 현실 사정을 창작해 보자.

2. 시인은 피아노를 치며 부르는 화자의 블루스 노래를 어떤 시적 수법들을 사용하여 블루스 시로 변형시키고 있는가?

3. 블루스 장르를 한국의 대중가요 트로트 장르와 비교할 수 있을까? 화자의 가사 내용과 비슷한 인생담이나 정서를 담은 가요가 있을까? 각 민속 가요의 공통점과 차이점에 대해 이야기 해 보자.

다음은 남부에서 취업을 위해 북부 도시로 상경한 청년이 부르는 블루스이다. 취업난, 생계난을 겪는 우리의 청년들에게 공감이 갈 만한 이야기가 담겨 있으니, 큰 소리로 읽어보며 화자의 심경을 헤아려 보자.

Po' Boy Blues
by Langston Hughes

When I was home de
Sunshine seemed like gold.
When I was home de
Sunshine seemed like gold.
Since I come up North de
Whole damn world's turned cold.

I was a good boy,
Never done no wrong.
Yes, I was a good boy,
Never done no wrong,
But this world is weary
An' de road is hard an' long.

I fell in love with
A gal I thought was kind.
Fell in love with
A gal I thought was kind.
She made me lose ma money
An' almost lose ma mind.

Weary, weary,
Weary early in de morn.
Weary, weary,
Early, early in de morn.
I's so weary
I wish I'd never been born.

1. 화자는 어떤 인물이며 어떤 현실에 처해 있는 것인지 상상력을 발휘하여 설명해 보자.

2. 화자가 블루스를 부르고 싶은 심정은 뭘까? 화자의 현실과 한국에서 사회적 문제로 대두되었던 88만원 세대의 현실을 비교해 보자.

3. 화자처럼 본인만의 블루스를 창작해 보자. 가령, 취집 블루스, 스펙 블루스, 금수저/흙수저 블루스 등등 여러분의 '노오오력'을 지치게 하는 여러 가지 상황들에 대해 블루스를 만들어 노래해 보자.

2. 힙합 시

데이빗 카플란(David Caplan)의 설명에 의하면, 힙합 음악이 미국 문화계에서 새로운 형식의 '힙합 시'로서 각광을 받고 있다고 하므로, 또한, 우리 사회에서도 요즘 『쇼미더 머니』 프로그램 등등의 힙합 래퍼 기수들의 경연이 흔칭인 시대라시, 우리도 관심을 가질 필요가 있을 것 같아서 잠깐 소개를 해 본다. 휴즈와 같은 선배 흑인 시인들이 백인 모더니즘 예술가들의 현대시 정신과 흑인 서민음악 장르인 블루스를 접목시켜 새롭고 독특한 운율감을 창안하고 흑인들의 삶을 현실감 있게 제시하였다면, 현재의 흑인 래퍼-시인들은 영시의 발라드의 장르와 흑인 하층민의 길거리 음악 장르였던 랩 음악 장르를 접목시켜 젊은 흑인 세대의 감성을 반영하는 독특한 운율감의 힙합 시를 확산시키고 있다. 그들은 래퍼답게 글로 쓰고 게재하는 시 쓰기보다는 입으로 말하고 대중 앞에서 퍼포먼스로 보여주는 '퍼포먼스 시'

쓰기를 선호한다. 그들은 비트-박자가 주어지면, 그에 맞추어 자유롭게 가사-시행을 창작하고, 나름의 발화 스타일에 맞게 유려하게 플로우를 유지하면서 청중들 앞에서 시를 퍼포먼스로 보여주는 것이다.

더불어 래퍼-시인[1]들은 서로의 비트-박자를 샘플링하거나 주어진 박자를 "찢어" 자기만의 비트-박자로 만들어 소통하며 래퍼-시인으로서 정체성과 공동체 의식을 공유하기도 한다. 특히, 힙합 음악 장르 자체가 태생적으로 규정이나 형식, 기준 등등에 얽매이지 않고 자유롭게 사는 흑인들의 길거리 철학, 흑인 영혼의 통통 튀는 리듬감, 아웃사이더, 주변부의 삶의 현실적인 단면들을 반영하고 있는 탓에, 힙합 시에서는 인유법이 상당히 중요한 수사 장치로 등장한다. 가령, 래퍼-시인들은 과거에 활동했거나 현재 활동하고 있는 다른 래퍼-시인의 가사 일부나 라임을 단순히 인유하거나, 꼴라쥬 기법을 사용하여 다른 래퍼-시인의 "시행 전체 혹은 몇 줄을 통째로 빌려와" 자신의 스토리의 맥락에 붙여 낯설게 인유하는 수사적 장치를 흔히 사용하곤 한다(앤더슨 128). 심지어, "주제, 이미지, 표현을 그대로 빌려와 사용하는 것"도 흔하며, "이미 시도되어 진정성을 얻은 주제"만 사용하여 그들의 예술성을 보여주고자 하는 래퍼-시인들도 적지 않다고 한다(앤더슨 128). 이런 점에서 태생적으로 래퍼들 혹은 래퍼-시인들 사이에서 표절 논란이 끊이지 않고 일어날 수밖에 없다는 점은 힙합 시의 한계로 보인다.

---

1) 사실상 힙합 장르에서 퍼포먼스를 보여주는 래퍼는 '래퍼'보다는 '엠씨'라는 칭호로 불리지만, 한국의 대중음악계에서는 '엠씨'라는 표현이 거의 사용되지 않기에 필자 역시 '래퍼-시인'이라는 표현을 사용한다.

마지막으로, 힙합 시의 특징으로서 래퍼-시인들이 비속어, 상스런 욕, 의미없는 외침, 고함, 추임새를 자주 사용할 뿐만 아니라 다양한 주제들에 대한 매우 강력한 의견을 직설적으로 표출한다는 점을 들 수 있다. 때로는 지나치게 성적이거나, 여성 혐오적이거나, 동성애 혐오적 가사가 있는가 하면, 때로는 정치적 비판의식이 담긴 직설적 가사를 내뱉기도 하는 등등이 그 예에 해당한다. 나아가, 애덤 브래들리(Adam Bradley)에 의하면, 래퍼-시인들은 특히 다양한 라임을 사용하는 언어유희를 매우 즐기는데, 기존의 전통적인 라임 구성법 이외에도 억지로 라임을 구성할 때도 종종 있다고 한다. 힙합 시에서는 죽어있는 글보다 생동감 넘치는 낭송 퍼포먼스가 매우 중요하기 때문에 래퍼-시인은 퍼포먼스의 "진정성"(keep it real)을 중시할 뿐만 아니라 가사를 유연하게 발화하는 플로우의 방식에서 자신만의 개성적인 랩-스타일을 표출하게 된다. 이런 것이 소위 래퍼 시인의 '허세' (Swagging)라고 통용되고 있으며, 힙합 시의 퍼포먼스에서 이러한 허세의 태도 역시 개성을 드러내는 매우 중요한 요소로 여겨진다. 다시 말해서, 힙합-퍼포먼스 시에서 '허세'란 래퍼-시인이 스스로의 창작 역량이나 스킬에 대해 당당한 자신감을 가지고, '야, 니들이, 나만큼 할 수 있겠어?' 혹은 '나처럼 할 수 있음, 한 번 들이대 보시지!'라고 도발을 하며 자연스럽게 청자들의 분위기나 호응을 주도하는 기술이기도 한 것이다. 따라서, 힙합 퍼포먼스를 하는 상황에서 래퍼-시인이 자연스럽게 드러내는 '허세'는 래퍼-시인의 창작 역량과 그 수준을 평가할 수 있는 척도가 되기에 충분해 보인다.

흥미로운 것은 현재의 힙합 래퍼-시인의 뿌리를 아미리 바라카

(Amiri Baraka)나 그웬돌린 브룩스(Gwendolyn Brooks)와 같은 1960년대 흑인예술운동의 주동자들의 사회참여의식에서 발견할 수 있다는 점이다. 당시 성차별적이고, 동성애 혐오적이며, 배타적 인종성에 근거한 직설적 표현 때문에 비판을 받았던 흑인 시인들은 당대 흑인 문화를 반영하고 저항정신을 표출하며 '흑인의 말하기' 혹은 '흑인의 썰전'을 퍼포먼스 시의 형식으로 보여주면서 기존의 백인 중심적 언어 사용법과 흑인의 차별적 대상화 방식에 매우 파격적인 도전을 하였다. 물론, 이들의 저항에는 한계가 있었지만, 바라카나 브룩스가 흑인 차별에 맞서서 매우 전위적, 실험적 시 예술을 창안했다는 점은 매우 깊은 의미가 있다. 즉, 60년대 흑인예술 운동가-시인들이나 현재 힙합 래퍼-시인들이나 모두 초창기 노예시절의 흑인 랩 음악의 구술성의 전통을 계승하고 있다는 점, 낭송 퍼포먼스를 중시한다는 점, 시인과 청중들 사이에 '부름과 응대'(call and response)를 주고받으며 친밀한 공동체의 분위기를 형성하는 것을 중시한다는 점에서 미국 흑인 문화의 고유한 정체성과 흑인 저항정신의 끈질긴 생명력을 이해할 수 있기 때문이다.

Wise I
by Amiri Baraka

WHYS (Nobody Knows
 The Trouble I Seen)
 Traditional

If you ever find
yourself, some where
lost and surrounded
by enemies
who won't let you
speak in your own language
who destroy your statues
& instruments, who ban
your omm bomm ba boom
then you are in trouble
deep trouble
they ban your
own boom ba boom
you in deep deep
trouble

humph!

probably take you several hundred years
to get
out!

1. 위의 시를 현재 힙합 래퍼-가수가 퍼포먼스로 보여준다면 어떨까? 독자들이 래퍼-시인이라고 상상하면서 시를 한 번 큰 소리로 낭송해 보자.

2. '흑인은 현명하다'라는 시적 명제가 미국 흑인들에게 어떤 역사적 의미를 지니는 것일까? 흑인 노예 역사를 염두에 두고 그 의미

에 대해 이해해 보자.

3. 백인중심의 사회에서 살아가는 흑인들이 처한 현실에 대해 화자가 독자들과 소통하고 싶은 메시지는 과연 어떤 것일까?

Notes For a Speech
by Amiri Baraka

African blues
does not know me. Their steps, in sands
of their own
land. A country
in black & white, newspapers
blown down pavements
of the world. Does
not feel
what I am.

Strength

in the dream, an oblique
suckling of nerve, the wind
throws up sand, eyes
are something locked in
hate, of hate, of hate, to
walk abroad, they conduct
their deaths apart
from my own. Those
heads, I call
my "people."

(And who are they. People. To concern

myself, ugly man. Who
you, to concern
the white flat stomachs
of maidens, inside houses
dying. Black. Peeled moon
light on my fingers
move under
her clothes. Where
is her husband. Black
words throw up sand
to eyes, fingers of
their private dead. Whose
soul, eyes, in sand. My color
is not theirs. Lighter, white man
talk. They shy away. My own
dead souls, my, so called
people. Africa
is a foreign place. You are
as any other sad man here
american.

1. 화자는 인종문제에 대한 비판의식을 어떤 방식으로 드러내는가?

2. '아프리칸'과 '아메리칸'의 차이는 과연 무엇일까?

3. '아프리카가 외국이 되어'버린 점에 대해 화자는 왜 슬픔을 느끼는 걸까?

4. 이 시를 힙합 래퍼-시인이 퍼포먼스로 보여준다면 청중은 화자에게 어떤 식으로 응대를 할 수 있을까?

다음 시에서 브룩스는 정규 학교에 다니는 평범한 학생의 삶을 살지 못하고, 당구장에서 시간을 보내는 흑인 청년들을 등장시킨다.

We Real Cool
Gwendolyn Brooks

THE POOL PLAYERS.
SEVEN AT THE GOLDEN SHOVEL.

We real cool. We
Left school. We

Lurk late. We
Strike straight. We

Sing sin. We
Thin gin. We

Jazz June. We
Die soon.

1. 이 청년들은 어떤 인물들일까? 그들은 불량배들인가? 범죄자들인가? 그들은 삶에 대해 어떤 태도를 가지고 있을까? 그들이 '멋

있다'고 여기는 '스웩'의 예들은 어떤 것일까? 상상력을 발휘하여 설명해 보자.

2. 이 시에 사용된 아이러니, 'we real cool'의 의미를 분석해 보자. 시인은 화자들의 '스웩'에 대해 어떤 태도를 가지고 있는 것일까?
3. 이 시가 함축적으로 제시하는 흑인 청년들의 심리적 텐션에 대해 이해해 보고, 그 점을 통해 시인이 독자들에게 전달하려는 메시지는 무엇인지 설명해 보자.

다음의 시에서 브룩스는 백인 경찰에게 총격을 당해 사망한 사건에 대한 분노를 표출한다. 현재도 지속되는 유사한 총격사건과 흑인의 희생에 대해 많은 흑인 인권 운동가들과 시민들이 '흑인의 생명도 중요하다'는 의식함양 캠페인을 벌이고 있다는 점을 염두에 두고 시를 이해해 보자.

The Boy Died in My Alley
Gwendolyn Brooks

to Running Boy

The Boy died in my alley
without my Having Known.
Policeman said, next morning,
"Apparently died Alone."

"You heard a shot?" Policeman said.
Shots I hear and Shots I hear.
I never see the Dead.

The Shot that killed him yes I heard
as I heard the Thousand shots before;
careening tinnily down the nights
across my years and arteries.

Policeman pounded on my door.
"Who is it?" "POLICE!" Policeman yelled.
"A Boy was dying in your alley.
A Boy is dead, and in your alley.
And have you known this Boy before?"

I have known this Boy before.
I have known this boy before, who ornaments my alley.
I never saw his face at all.
I never saw his future fall.
But I have known this Boy.

I have always heard him deal with death.
I have always heard the shout, the volley.
I have closed my heart-ears late and early.
And I have killed him ever.

I joined the Wild and killed him
with knowledgeable unknowing.
I saw where he was going.
I saw him Crossed. And seeing,

I did not take him down.
He cried not only "Father!"
but "Mother!
Sister!
Brother."
The cry climbed up the alley.
It went up to the wind.
It hung upon the heaven
for a long
stretch-strain of Moment.

The red floor of my alley
is a special speech to me.

1. 화자는 어떤 인물인가? 그가 말하는 인생 이야기는 어떠한가? 상상력을 발휘하여 설명해 보도록 하자.

2. 이 시에 사용된 아이러니에 대해 분석해 보자.

3. 시인이 불의를 목격하고도 침묵하고자 하는 흑인 및 백인 독자들에게 화자의 고백을 통해 소통하고자 하는 메시지는 무엇인가?

4. 밥 딜런(Bob Dylon)의 「구르는 돌처럼」(Like a Rolling Stone) 역시 퍼포먼스 시라고 할 수 있다. 흑인예술 운동가이자 시인들의 참여시와 그의 참여시가 어떤 공통점 혹은 차이점이 있는지 논의해 보자.

옛날 옛적에, 너는 아주 잘 차려입었지,
전성기엔 거지한테 동전도 던져주었지, 안 그래?
사람들은 말했지, "이쁜아, 조심해, 너도 곧 추락할테니"
넌 그들이 농담한다 생각했겠지
넌 비웃곤 했겠지
빈둥거리는 사람들을,
자 이제 넌 말도 크게 못해,
이제 넌 잘 나가지도 못해
한 끼 해결하려 여기저기 헤매,
지금 기분 어때? 어떤 기분이야?
오고 갈 데 없이 사는 게,
완전히 잊혀 진 존재로 사는 게
구르는 돌처럼 사는 게.
아 맞아, 넌 가장 좋은 학교를 다녔지, 미쓰 외톨이.
하지만 넌 그저 달콤함을 빠는 게 익숙했을 뿐.
넌 길거리 인생을 몰랐던 거지.
이제 곧 익숙해지겠지.
넌 정체모를 양아치랑
타협하지 않겠다고 했었지. 하지만 이제 넌 깨달았을 걸
그가 무슨 구랄 치는 게 아니란 걸.
멍한 그의 눈을 쳐다보며 넌
"혹시 거래할래요?"라고 말할 걸.
지금 기분 어때? 어떤 기분이야?
오갈 데 없이 너 홀로 사는 게,
완전히 잊혀 진 존재로 사는 게
구르는 돌처럼 사는 게

아 맞아, 넌 찡그리며 고갤 돌렸지,
저글러와 광대들이 네게 온갖 재주를 보여줘도.
넌 그게 잘못한 게 아니라고 생각했겠지만,

너 대신 다른 사람들을 힘들게 하면 안 돼는 거야.
넌 너의 외교관과 함께 크롬색 말을 타고 다녔지.
그는 어깨 위에 샴 고양이를 얹고 다녔지.
넌 버겁지 않았니?
그가 거기 있을 사람이 아닌 걸 알았을 때,
그가 훔칠만한 건 모두 훔쳐 달아났을 때,
지금 기분 어때? 어떤 기분이야?
오갈 데 없이 몸뚱이 하나 남은 게,
완전히 잊혀 진 존재로 사는 게
구르는 돌처럼 사는 게

아 맞아, 첨탑 속 공주님, 꽃미녀, 꽃미남들
그들은 마시며 생각하지, 스스로 성공을 쟁취했다고.
서로 비싼 선물들을 주고 받지.
하지만 넌 다이아몬드 반지를 전당포에 맡기지.
너도 옛날에는 재미있어 했지.
누더기를 걸친 나폴레옹과 그가 쓰던 말투를.
그가 너를 부르면 가 봐, 거절할 수 없을 거야
가진 게 아무 것도 없을 땐 잃을 것도 없으니.
이제 넌 투명인간, 감춰야 할 비밀 따위 없잖아.
지금 기분 어때? 자, 어떤 기분이야?
오갈 데 없이 너 홀로 사는 게,
완전히 잊혀 진 존재로 사는 게
구르는 돌처럼 사는 게

제 13장
기타 시 형식의 종류와 이해

1. 비가(Elegy)

엘레지 혹은 비가는 사랑하는 이의 죽음을 기리는 정형시로서 상실의 상황과 망자의 인품과 덕망을 노래한다. 더불어 망자의 영면을 소망하며 남겨진 자들을 위한 위로를 건네는 메시지 또한 포함한다. 일반적으로 비가는 공적인 상황에서 낭송되므로 비탄조와 비장미가 어린 시어로 표현된다.

On My First Son
by Ben Jonson

Farewell, thou child of my right hand, and joy;
　My sin was too much hope of thee, lov'd boy.
Seven years thou'wert lent to me, and I thee pay,
　Exacted by thy fate, on the just day.
O, could I lose all father now! For why
　Will man lament the state he should envy?
To have so soon 'scap'd world's and flesh's rage,
　And, if no other misery, yet age?

Rest in soft peace, and, ask'd, say here doth lie
   Ben Jonson his best piece of poetry.
For whose sake, henceforth, all his vows be such,
   As what he loves may never like too much.

1. 이 시를 읽고 첫 아들을 떠나보내는 아버지의 심경을 헤아려 보자.

2. 사랑하는 가족, 친구, 반려 동물을 잃은 경험이 있다면 그를 위한 비가를 한 번 창작해 보자.

때로는 정치가와 같은 공적인 인물이나 문화계 유명 인사를 기리는 비가가 낭송되기도 하는데, 시인이 선배 시인을 추모하는 다음의 엘레지를 감상해 보자.

In Memory of W. B. Yeats
by W. H. Auden

I

He disappeared in the dead of winter:
The brooks were frozen, the airports almost deserted,
And snow disfigured the public statues;
The mercury sank in the mouth of the dying day.
What instruments we have agree
The day of his death was a dark cold day.
Far from his illness
The wolves ran on through the evergreen forests,

The peasant river was untempted by the fashionable quays;
By mourning tongues
The death of the poet was kept from his poems.

But for him it was his last afternoon as himself,
An afternoon of nurses and rumours;
Thc provinccs of his body revolted,
The squares of his mind were empty,
Silence invaded the suburbs,
The current of his feeling failed; he became his admirers.

Now he is scattered among a hundred cities
And wholly given over to unfamiliar affections,
To find his happiness in another kind of wood
And be punished under a foreign code of conscience.
The words of a dead man
Are modified in the guts of the living.

But in the importance and noise of to-morrow
When the brokers are roaring like beasts on the floor of the
 Bourse,
And the poor have the sufferings to which they are fairly
 accustomed,
And each in the cell of himself is almost convinced of his
 freedom,
A few thousand will think of this day
As one thinks of a day when one did something slightly un-
usual.

What instruments we have agree

The day of his death was a dark cold day.

II

You were silly like us; your gift survived it all:
The parish of rich women, physical decay,
Yourself. Mad Ireland hurt you into poetry.
Now Ireland has her madness and her weather still,
For poetry makes nothing happen: it survives
In the valley of its making where executives
Would never want to tamper, flows on south
From ranches of isolation and the busy griefs,
Raw towns that we believe and die in; it survives,
A way of happening, a mouth.

III

Earth, receive an honoured guest:
William Yeats is laid to rest.
Let the Irish vessel lie
Emptied of its poetry.

In the nightmare of the dark
All the dogs of Europe bark,
And the living nations wait,
Each sequestered in its hate;

Intellectual disgrace
Stares from every human face,
And the seas of pity lie

Locked and frozen in each eye.

Follow, poet, follow right
To the bottom of the night,
With your unconstraining voice
Still persuade us to rejoice;

With the farming of a verse
Make a vineyard of the curse,
Sing of human unsuccess
In a rapture of distress;

In the deserts of the heart
Let the healing fountain start,
In the prison of his days
Teach the free man how to praise.

1. 시를 통해 상상해 볼 때 예이츠는 개인적으로 어떤 인품의 소유자였을까?

2. 시인이 제시하는 위대한 시인 예이츠의 시적 성취와 한계는 어떤 것인가?

3. 예이츠가 후세 시인들에게 남긴 유산은 무엇일 것 같은가?

4. 시인이 후세 시인들에게 건네는 위로는 어떤 것일까?

2. 목가(전원시, Pastoral)

목가는 대표적인 서정시로서 고대 그리스의 시골 아카디아(Arcadia)의 전원 풍경과 농부, 목동의 삶을 노래하고 '소박한 삶, 고고한 정신'을 찬양하는 정형시이다. 테오크리토스(Theocritus)는 **Idylls**라고 불렀으며, 버질(Virgil)은 **Eclogues**라고 부르기도 하였다. 목가에는 언제나 순박한 화자 목동이 등장하여 이상적인 전원의 자연 속에서 한가로움과 여유를 즐기는 평화로운 삶을 예찬하는 것이 상례였지만, 시간이 흐르고 현대 목가가 등장하면서 순박한 목동도 전원풍 자연 속 공간도 사라지고 새롭게 야박한 도시 목동이 등장하여 냉소적 목소리로 황량한 현대인의 심리를 노래하는 식으로 변화를 겪기도 하였다.

The Passionate Shepherd to His Love
by Christopher Marlowe

Come live with me and be my love,
And we will all the pleasures prove
That valleys, groves, hills, and fields,
Woods, or steepy mountain yields.

And we will sit upon the rocks,
Seeing the shepherds feed their flocks,
By shallow rivers to whose falls
Melodious birds sing madrigals.

And I will make thee beds of roses
And a thousand fragrant posies,
A cap of flowers, and a kirtle
Embroidered all with leaves of myrtle;

A gown made of the finest wool
Which from our pretty lambs we pull;
Fair lined slippers for the cold,
With buckles of the purest gold;

A belt of straw and ivy buds,
With coral clasps and amber studs:
And if these pleasures may thee move,
Come live with me, and be my love.

The shepherds' swains shall dance and sing
For thy delight each May morning:
If these delights thy mind may move,
Then live with me and be my love.

1. 이 시를 자세히 분석하며 전원시의 특징들을 찾아내 보자.

2. 화자가 제시하는 전원생활의 내용은 어떤 것들인가? 현재 독자들에게 친숙한 전원생활과 다른 점들이 있는가?

3. 이 시를 현대 도시를 배경으로 연인에게 보내는 프로포즈의 글로 다시 써 본다면 어떨까?

조나단 스위프트는 패로디 목가(Mock Pastoral)로 유명한데, 그는 다음의 패로디에서 목가의 형식적 요소들을 도시인에게 적용하고 목가적 주제를 현대적으로 변용하여 전원풍 라이프 스타일과 의례들을 희화하고 조롱하였다.

A Description of a City Shower
By Jonathan Swift

Careful observers may foretell the hour
(By sure prognostics) when to dread a shower:
While rain depends, the pensive cat gives o'er
Her frolics, and pursues her tail no more.
Returning home at night, you'll find the sink
Strike your offended sense with double stink.
If you be wise, then go not far to dine;
You'll spend in coach hire more than save in wine.
A coming shower your shooting corns presage,
Old ach s throb, your hollow tooth will rage.
Sauntering in coffeehouse is Dulman seen;
He damns the climate and complains of spleen.
Meanwhile the South, rising with dabbled wings,
A sable cloud athwart the welkin flings,
That swilled more liquor than it could contain,
And, like a drunkard, gives it up again.
Brisk Susan whips her linen from the rope,
While the first drizzling shower is born aslope:
Such is that sprinkling which some careless quean
Flirts on you from her mop, but not so clean:

You fly, invoke the gods; then turning, stop
To rail; she singing, still whirls on her mop.
Not yet the dust had shunned the unequal strife,
But, aided by the wind, fought still for life,
And wafted with its foe by violent gust,
'Twas doubtful which was rain and which was dust.
Ah! where must needy poet seek for aid,
When dust and rain at once his coat invade?
Sole coat, where dust cemented by the rain
Erects the nap, and leaves a mingled stain.

Now in contiguous drops the flood comes down,
Threatening with deluge this devoted town.
To shops in crowds the daggled females fly,
Pretend to cheapen goods, but nothing buy.
The Templar spruce, while every spout's abroach,
Stays till 'tis fair, yet seems to call a coach.
The tucked-up sempstress walks with hasty strides,
While seams run down her oiled umbrella's sides.
Here various kinds, by various fortunes led,
Commence acquaintance underneath a shed.
Triumphant Tories and desponding Whigs
Forget their feuds, and join to save their wigs.
Boxed in a chair the beau impatient sits,
While spouts run clattering o'er the roof by fits,
And ever and anon with frightful din
The leather sounds; he trembles from within.
So when Troy chairmen bore the wooden steed,
Pregnant with Greeks impatient to be freed
(Those bully Greeks, who, as the moderns do,
Instead of paying chairmen, run them through),

Laoco n struck the outside with his spear,
And each imprisoned hero quaked for fear.
        Now from all parts the swelling kennels flow,
And bear their trophies with them as they go:
Filth of all hues and odors seem to tell
What street they sailed from, by their sight and smell.
They, as each torrent drives with rapid force,
From Smithfield or St. Pulchre's shape their course,
And in huge confluence joined at Snow Hill ridge,
Fall from the conduit prone to Holborn Bridge.
Sweepings from butchers' stalls, dung, guts, and blood,
Drowned puppies, stinking sprats, all drenched in mud,
Dead cats, and turnip tops, come tumbling down the flood.

1. 이 시에서 풍자, 조롱되는 사항들은 어떤 것들인지 찾아보자.

2. 시인의 전원생활 찬양자들을 조롱하는 이유는 무엇일지 생각해 보자.

3. 부(賦) (Ode)

부(賦)는 어떤 특정한 사람, 사물, 사건에 부치는 시를 말하는 정형시로서 각각에게 어울리는 시적 목소리, 표현, 시형식, 낭송의 경우가 정해져 있는 경우가 대부분이다. 부(賦)는 서정시의 경우도 있지만 지성시에 해당하는 경우도 대부분이어서 철학적인 사유가 진행되거나 진중한 산문체가 사용되기도 한다. 키이츠의 다음 시는 매우 유명한 지성시로서, 예술가가 추구하는 진실과 미학에 대한 관계를 사유하고 있다.

Ode on a Grecian Urn
by John Keats

Thou still unravish'd bride of quietness,
Thou foster-child of silence and slow time,
Sylvan historian, who canst thus express
A flowery tale more sweetly than our rhyme:
What leaf-fring'd legend haunts about thy shape
Of deities or mortals, or of both,
In Tempe or the dales of Arcady?
What men or gods are these? What maidens loth?
What mad pursuit? What struggle to escape?
What pipes and timbrels? What wild ecstasy?

Heard melodies are sweet, but those unheard
Are sweeter; therefore, ye soft pipes, play on;
Not to the sensual ear, but, more endear'd,
Pipe to the spirit ditties of no tone:
Fair youth, beneath the trees, thou canst not leave
Thy song, nor ever can those trees be bare;
Bold Lover, never, never canst thou kiss,
Though winning near the goal yet, do not grieve;
She cannot fade, though thou hast not thy bliss,
For ever wilt thou love, and she be fair!

Ah, happy, happy boughs! that cannot shed

Your leaves, nor ever bid the Spring adieu;
And, happy melodist, unwearied,
For ever piping songs for ever new;
More happy love! more happy, happy love!
For ever warm and still to be enjoy'd,
For ever panting, and for ever young;
All breathing human passion far above,
That leaves a heart high-sorrowful and cloy'd,
A burning forehead, and a parching tongue.
Who are these coming to the sacrifice?
To what green altar, O mysterious priest,
Lead'st thou that heifer lowing at the skies,
And all her silken flanks with garlands drest?
What little town by river or sea shore,
Or mountain-built with peaceful citadel,
Is emptied of this folk, this pious morn?
And, little town, thy streets for evermore
Will silent be; and not a soul to tell
Why thou art desolate, can e'er return.

O Attic shape! Fair attitude! with brede
Of marble men and maidens overwrought,
With forest branches and the trodden weed;
Thou, silent form, dost tease us out of thought
As doth eternity: Cold Pastoral!
When old age shall this generation waste,
Thou shalt remain, in midst of other woe
Than ours, a friend to man, to whom thou say'st,
"Beauty is truth, truth beauty,—that is all
Ye know on earth, and all ye need to know."

1. 마지막 두 행에서 키이츠는 시, 진리, 예술의 관계에 대한 자신의 의견을 밝히고 있지만, 너무 수수께끼 같아서 그 해석에 대해 의견이 분분하다. 독자들은 어떠한 의견인지 각자의 생각을 말해 보자.

2. 키이츠의 시와 16년 노벨 문학상 수상자 밥 딜런(Bob Dylan)의 "Like A Rolling Stone"의 가사를 비교해 보자. 무엇이 다르고, 무엇이 비슷한가?

기타 읽어 볼만한 시

1. A Complaint
By William Wordsworth

There is a change—and I am poor;
Your love hath been, nor long ago,
A fountain at my fond heart's door,
Whose only business was to flow;
And flow it did; not taking heed
Of its own bounty, or my need.

What happy moments did I count!
Blest was I then all bliss above!
Now, for that consecrated fount
Of murmuring, sparkling, living love,
What have I? shall I dare to tell?
A comfortless and hidden well.

A well of love—it may be deep—
I trust it is,—and never dry:
What matter? if the waters sleep
In silence and obscurity.
—Such change, and at the very door
Of my fond heart, hath made me poor.

2. Stopping by Woods on a Snowy Evening by Robert Frost

Whose woods these are I think I know.
His house is in the village, though;
He will not see me stopping here
To watch his woods fill up with snow.

My little horse must think it queer
To stop without a farmhouse near
Between the woods and frozen lake
The darkest evening of the year.

He gives his harness bells a shake
To ask if there is some mistake.
The only other sound's the sweep
Of easy wind and downy flake.

The woods are lovely, dark, and deep,
But I have promises to keep,
And miles to go before I sleep,
And miles to go before I sleep.

3. Virginia
by T. S. Eliot

Red river, red river,
Slow flow heat is silence
No will is still as a river
Still. Will hcat move
Only through the mocking-bird
Heard once? Still hills
Wait. Gates wait. Purple trees,
White trees, wait, wait,
Delay, decay. Living, living,
Never moving. Ever moving
Iron thoughts came with me
And go with me:
Red river, river, river.

4. Delight in Disorder
by Robert Herrick

A sweet disorder in the dress
Kindles in clothes a wantonness;
A lawn about the shoulders thrown
Into a fine distraction;
An erring lace, which here and there
Enthrals the crimson stomacher;
A cuff neglectful, and thereby
Ribands to flow confusedly;
A winning wave, deserving note,

In the tempestuous petticoat;
A careless shoe-string, in whose tie
I see a wild civility:
Do more bewitch me, than when art
Is too precise in every part.

5. Crazy Jane Talks With the Bishop by William Butler Yeats

I met the Bishop on the road
And much said he and I.
`Those breasts are flat and fallen now
Those veins must soon be dry;
Live in a heavenly mansion,
Not in some foul sty.'
`Fair and foul are near of kin,
And fair needs foul,' I cried.
'My friends are gone, but that's a truth
Nor grave nor bed denied,
Learned in bodily lowliness
And in the heart's pride.
'A woman can be proud and stiff
When on love intent;
But Love has pitched his mansion in
The place of excrement;
For nothing can be sole or whole
That has not been rent.'

6. Song for a Dark Girl
by Langston Hughes

Way Down South in Dixie
(Break the heart of me)
They hung my black young lover
To a cross roads tree.

Way Down South in Dixie
(Bruised body high in air)
I asked the white Lord Jesus
What was the use of prayer.

Way Down South in Dixie
(Break the heart of me)
Love is a naked shadow
On a gnarled and naked tree.

7. Morning Song
by Sylvia Plath

Love set you going like a fat gold watch.
The midwife slapped your footsoles, and your bald cry
Took its place among the elements.

Our voices echo, magnifying your arrival. New statue.
In a drafty museum, your nakedness
Shadows our safety. We stand round blankly as walls.

I'm no more your mother
Than the cloud that distills a mirror to reflect its own slow
Effacement at the wind's hand.

All night your moth-breath
Flickers among the flat pink roses. I wake to listen:
A far sea moves in my ear.

One cry, and I stumble from bed, cow-heavy and floral
In my Victorian nightgown.
Your mouth opens clean as a cat's. The window square
Whitens and swallows its dull stars. And now you try
Your handful of notes;
The clear vowels rise like balloons.

8. Envy
by Adelaide Anne Procter

He was the first always: Fortune
 Shone bright in his face.
 I fought for years; with no effort
 He conquered the place:
 We ran; my feet were all bleeding,
 But he won the race.

Spite of his many successes
 Men loved him the same;
 My one pale ray of good fortune
 Met scoffing and blame.

When we erred, they gave him pity,
But me only shame.

My home was still in the shadow,
His lay in the sun:
I longed in vain: what he asked for
It straightway was done.
Once I staked all my heart's treasure,
We playedand he won.

Yes; and just now I have seen him,
Cold, smiling, and blest,
Laid in his coffin. God help me!
While he is at rest,
I am cursed still to live: even
Death loved him the best.

9. **Autumn Idleness**
by Dante G. Rosetti

This sunlight shames November where he grieves
In dead red leaves, and will not let him shun
The day, though bough with bough be over-run.
But with a blessing every glade receives
High salutation; while from hillock-eaves
The deer gaze calling, dappled white and dun,
As if, being foresters of old, the sun
Had marked them with the shade of forest-leaves.

Here dawn to-day unveiled her magic glass;
Here noon now gives the thirst and takes the dew;
Till eve bring rest when other good things pass.
And here the lost hours the lost hours renew
While I still lead my shadow o'er the grass,
Nor know, for longing, that which I should do.

10. **Body's Beauty**
by Dante G. Rosetti

Of Adam's first wife, Lilith, it is told
(The witch he loved before the gift of Eve,)
That, ere the snake's, her sweet tongue could deceive,
And her enchanted hair was the first gold.
And still she sits, young while the earth is old,
And, subtly of herself contemplative,
Draws men to watch the bright web she can weave,
Till heart and body and life are in its hold.

The rose and poppy are her flowers; for where
Is he not found, O Lilith, whom shed scent
And soft-shed kisses and soft sleep shall snare?
Lo! as that youth's eyes burned at thine, so went
Thy spell through him, and left his straight neck bent
And round his heart one strangling golden hair.

11. A Birthday
Christina Rossetti

My heart is like a singing bird
  Whose nest is in a water'd shoot;
My heart is like an apple-tree
  Whosc boughs arc bent with thick-sct fruit;
My heart is like a rainbow shell
  That paddles in a halcyon sea;
My heart is gladder than all these,
  Because my love is come to me.

Raise me a da s of silk and down;
  Hang it with vair and purple dyes;
Carve it in doves and pomegranates,
  And peacocks with a hundred eyes;
Work it in gold and silver grapes,
  In leaves and silver fleurs-de-lys;
Because the birthday of my life
  Is come, my love is come to me.

12. Neutral Tones
by Thomas Hardy

We stood by a pond that winter day,
And the sun was white, as though chidden of God,
And a few leaves lay on the starving sod;
 They had fallen from an ash, and were gray.

Your eyes on me were as eyes that rove
Over tedious riddles of years ago;
And some words played between us to and fro
On which lost the more by our love.

The smile on your mouth was the deadest thing
Alive enough to have strength to die;
And a grin of bitterness swept thereby
Like an ominous bird a-wing....

Since then, keen lessons that love deceives,
And wrings with wrong, have shaped to me
Your face, and the God curst sun, and a tree,
And a pond edged with grayish leaves.

13. **After great pain, a formal feeling comes by Emily Dickinson**

After great pain, a formal feeling comes -
The Nerves sit ceremonious, like tombs -
The stiff Heart questions "was it He, that bore,
And "Yesterday, or Centuries before"?

The Feet, mechanical, go round -
A Wooden way
Of Ground, or Air, or Ought -
Regardless grown,
A Quartz contentment, like a stone -

This is the Hour of Lead -
Remembered, if outlived,
As Freezing persons, recollect the snow -
First - Chill - then stupor - then the letting go -

14. Christmas Carol
by Paul Laurence Dunbar

Ring out, ye bells!
All Nature swells
With gladness at the wondrous story,—
The world was lorn,
But Christ is born
To change our sadness into glory.

Sing, earthlings, sing!
To-night a King
Hath come from heaven's high throne to bless us.
The outstretched hand
O'er all the land
Is raised in pity to caress us.

Come at his call;
Be joyful all;
Away with mourning and with sadness!
The heavenly choir
With holy fire
Their voices raise in songs of gladness.

The darkness breaks
And Dawn awakes,
Her cheeks suffused with youthful blushes.
The rocks and stones
In holy tones
Are singing sweeter than the thrushes.

Then why should we
In silence be,
When Nature lends her voice to praises;
When heaven and earth
Proclaim the truth
Of Him for whom that lone star blazes?

No, be not still,
But with a will
Strike all your harps and set them ringing;
On hill and heath
Let every breath
Throw all its power into singing!

15. **On a Very Old Woman**
by William Makepeace Thackeray

LA MOTTE FOUQU .

"Und Du gingst einst, die Myrt' im Haare."

And thou wert once a maiden fair,

A blushing virgin warm and young:
With myrtles wreathed in golden hair,
And glossy brow that knew no care—
Upon a bridegroom's arm you hung.

The golden locks are silvered now,
The blushing cheek is pale and wan;
The spring may bloom, the autumn glow,
All's one—in chimney corner thou
Sitt'st shivering on.—

A moment—and thou sink'st to rest!
To wake perhaps an angel blest,
In the bright presence of thy Lord.
Oh, weary is life's path to all!
Hard is the strife, and light the fall,
But wondrous the reward!

16. **On Carpaccio's Picture: The Dream of St. Ursula by Amy Lowell**

Swept, clean, and still, across the polished floor
From some unshuttered casement, hid from sight,
The level sunshine slants, its greater light
Quenching the little lamp which pallid, poor,
Flickering, unreplenished, at the door
Has striven against darkness the long night.
Dawn fills the room, and penetrating, bright,
The silent sunbeams through the window pour.

And she lies sleeping, ignorant of Fate,
Enmeshed in listless dreams, her soul not yet
Ripened to bear the purport of this day.
The morning breeze scarce stirs the coverlet,
A shadow falls across the sunlight; wait!
A lark is singing as he flies away.

17. The Embankment
T. E. Hulme

(The fantasia of a fallen gentleman on a cold, bitter night.)
Once, in finesse of fiddles found I ecstasy,
In the flash of gold heels on the hard pavement.
Now see I
That warmth's the very stuff of poesy.
Oh, God, make small
The old star-eaten blanket of the sky,
That I may fold it round me and in comfort lie.

18. Vista
by Alfred Kreymborg

The snow,
ah yes, ah yes indeed,
is white and beautiful, white and beautiful,
verily beautiful
from my window.
The sea,

ah yes, ah yes indeed,
is green and alluring, green and alluring,
verily alluring
from the shore.
Love, ah yes, ah yes, ah yes indeed,
verily yes, ah yes indeed!

19. **Love and Friendship**
by Emily Bronte

Love is like the wild rose-briar,
Friendship like the holly-tree --
The holly is dark when the rose-briar blooms
But which will bloom most contantly?
The wild-rose briar is sweet in the spring,
Its summer blossoms scent the air;
Yet wait till winter comes again
And who wil call the wild-briar fair?
Then scorn the silly rose-wreath now
And deck thee with the holly's sheen,
That when December blights thy brow
He may still leave thy garland green.

20. Flower in the crannied wall
by Alfred Lord Tennyson

Flower in the crannied wall,
I pluck you out of the crannies,
I hold you here, root and all, in my hand,
Little flower-but if I could understand
What you are, root and all, all in all,
I should know what God and man is.

21. My Last Duchess
by Robert Browning

That's my last Duchess painted on the wall,
Looking as if she were alive. I call
That piece a wonder, now: Fr Pandolf's hands
Worked busily a day, and there she stands.
Will 't please you sit and look at her? I said
'Fr Pandolf' by design, for never read
Strangers like you that pictured countenance,
The depth and passion of its earnest glance,
But to myself they turned (since none puts by
The curtain I have drawn for you, but I)
And seemed as they would ask me, if they durst,
How such a glance came there; so, not the first
Are you to turn and ask thus. Sir, 't was not
Her husband's presence only, called that spot
Of joy into the Duchess' cheek: perhaps
Fr Pandolf chanced to say, 'Her mantle laps

Over my lady's wrist too much,' or 'Paint
Must never hope to reproduce the faint
Half-flush that dies along her throat:' such stuff
Was courtesy, she thought, and cause enough
For calling up that spot of joy. She had
A heart—how shall I say?—too soon made glad,
Too easily impressed; she liked whate'er
She looked on, and her looks went everywhere.
Sir, 't was all one! My favour at her breast,
The dropping of the daylight in the West,
The bough of cherries some officious fool
Broke in the orchard for her, the white mule
She rode with round the terrace—all and each
Would draw from her alike the approving speech,
Or blush, at least. She thanked men,—good! but thanked
Somehow—I know not how—as if she ranked
My gift of a nine-hundred-years-old name
With anybody's gift. Who'd stoop to blame
This sort of trifling? Even had you skill
In speech—(which I have not)—to make your will
Quite clear to such an one, and say, 'Just this
Or that in you disgusts me; here you miss,
Or there exceed the mark'—and if she let
Herself be lessoned so, nor plainly set
Her wits to yours, forsooth, and made excuse,
—E'en then would be some stooping; and I choose
Never to stoop. Oh, sir, she smiled, no doubt,
Whene'er I passed her; but who passed without
Much the same smile? This grew; I gave commands;
Then all smiles stopped together. There she stands

As if alive. Will 't please you rise? We'll meet
The company below then. I repeat,
The Count your master's known munificence
Is ample warrant that no just pretence
Of mine for dowry will be disallowed;
Though his fair daughter's self, as I avowed
At starting, is my object. Nay, we'll go
Together down, sir. Notice Neptune, though,
Taming a sea-horse, thought a rarity,
Which Claus of Innsbruck cast in bronze for me!

22. My Life had stood - a Loaded Gun
by Emily Dickinson

My Life had stood - a Loaded Gun -
In Corners - till a Day
The Owner passed - identified -
And carried Me away -

And now We roam in Sovreign Woods -
And now We hunt the Doe -
And every time I speak for Him
The Mountains straight reply -

And do I smile, such cordial light
Opon the Valley glow -
It is as a Vesuvian face
Had let it's pleasure through -

And when at Night - Our good Day done -
I guard My Master's Head -
'Tis better than the Eider Duck's
Deep Pillow - to have shared -

To foe of His - I'm deadly foe -
None stir the second time -
On whom I lay a Yellow Eye -
Or an emphatic Thumb -

Though I than He - may longer live
He longer must - than I -
For I have but the power to kill,
Without - the power to die -

23. To An Athlete Dying Young
by A. E. Housman

The time you won your town the race
We chaired you through the market-place;
Man and boy stood cheering by,
And home we brought you shoulder-high.

To-day, the road all runners come,
Shoulder-high we bring you home,
And set you at your threshold down,
Townsman of a stiller town.

Smart lad, to slip betimes away

From fields where glory does not stay,
And early though the laurel grows
It withers quicker than the rose.

Eyes the shady night has shut
Cannot see the record cut,
And silence sounds no worse than cheers
After earth has stopped the ears:

Now you will not swell the rout
Of lads that wore their honours out,
Runners whom renown outran
And the name died before the man.

So set, before its echoes fade,
The fleet foot on the sill of shade,
And hold to the low lintel up
The still-defended challenge-cup.

And round that early-laurelled head
Will flock to gaze the strengthless dead,
And find unwithered on its curls
The garland briefer than a girl's.

24. Dream Deferred
by Langston Hughes

What happens to a dream deferred?

Does it dry up
Like a raisin in the sun?

Or fester like a sore--
And then run?

Does it stink like rotten meat?
Or crust and sugar over--
like a syrupy sweet?

Maybe it just sags
like a heavy load.

Or does it explode?

25. The Mind is a Wonderful Thing
by Marianne Moore

is an enchanted thing
like the glaze on a
katydid-wing
subdivided by sun
till the nettings are legion.
Like Giesking playing Scarltti;

like the apteryx-awl
as a beak, or the
kiwi's rain-shawl
of haired feathers, the mind
feeling its way as though blind,
walks along with its eyes on the ground.

It has memory's ear
that can hear without
having to hear.
Like the gyroscope's fall,
truly equivocal
because trued by regnant certainty,

it is a power of strong enchantment. It
is like the dove-
neck animated by
sun; it is memory's eye;
it's conscientious inconsistency.

It tears off the veil; tears
the temptation, the
mist the heart wears,
from its eyes - if the heart
has a face; it takes apart
dejection. It's fire in the dove-neck's

iridescence; in the inconsistencies
of Scarlatti.
Unconfusion submits

its confusion to proof; it's
not a Herod's oath that cannot change.

26. **If We Must Die**
by Claude McKay

If we must die—let it not be like hogs
Hunted and penned in an inglorious spot,
While round us bark the mad and hungry dogs,
Making their mock at our accursed lot.
If we must die—oh, let us nobly die,
So that our precious blood may not be shed
In vain; then even the monsters we defy
Shall be constrained to honor us though dead!
Oh, Kinsmen! We must meet the common foe;
Though far outnumbered, let us show us brave,
And for their thousand blows deal one deathblow!
What though before us lies the open grave?
Like men we'll face the murderous, cowardly pack,
Pressed to the wall, dying, but fighting back!

27. **The Lamp of Life**
by Amy Lowell

Always we are following a light,
Always the light recedes; with groping hands
We stretch toward this glory, while the lands
We journey through are hidden from our sight

Dim and mysterious, folded deep in night,
We care not, all our utmost need demands
Is but the light, the light! So still it stands
Surely our own if we exert our might.
Fool! Never can’st thou grasp this fleeting gleam,
Its glowing flame would die if it were caught,
Its value is that it doth always seem
But just a little farther on. Distraught,
But lighted ever onward, we are brought
Upon our way unknowing, in a dream.

28. Redemption
by George Herbert

Having been tenant long to a rich Lord,
Not thriving, I resolv d to be bold,
And make a suit unto him to afford
A new small-rented lease and cancel th'old.
In Heaven at his manor I him sought.
They told me there that he was lately gone
About some land which he had dearly bought
Long since on earth, to take possession,
I straight returned, and knowing his great birth,
Sought him accordingly in great resorts,
In cities, theaters, gardens, parks, and courts.
At length I heard a ragged noise and mirth
Of thieves and murderers; there I him espied,
Who straight "Your suit is granted," said, and died.

29. **Anecdote of the Jar**
by Wallace Stevens

I placed a jar in Tennessee,
And round it was, upon a hill.
It made the slovenly wilderness
Surround that hill.

The wilderness rose up to it,
And sprawled around, no longer wild.
The jar was round upon the ground
And tall and of a port in air.

It took dominion everywhere.
The jar was gray and bare.
It did not give of bird or bush,
Like nothing else in Tennessee.

30. **Dream Song** 14
By John Berryman

Life, friends, is boring. We must not say so.
After all, the sky flashes, the great sea yearns,
we ourselves flash and yearn,
and moreover my mother told me as a boy
(repeatingly) 'Ever to confess you're bored
means you have no

Inner Resources.' I conclude now I have no

inner resources, because I am heavy bored.
Peoples bore me,
literature bores me, especially great literature,
Henry bores me, with his plights & gripes
as bad as achilles,

who loves people and valiant art, which bores me.
And the tranquil hills, & gin, look like a drag
and somehow a dog
has taken itself & its tail considerably away
into mountains or sea or sky, leaving
behind: me, wag.

31. **Flower-Gathering**
by Robert Frost

I left you in the morning,
And in the morning glow,
You walked a way beside me
To make me sad to go.
Do you know me in the gloaming,
Gaunt and dusty grey with roaming?
Are you dumb because you know me not,
Or dumb because you know?

All for me? And not a question
For the faded flowers gay
That could take me from beside you
For the ages of a day?

They are yours, and be the measure
Of their worth for you to treasure,
The measure of the little while
That I've been long away.

32. Elegy
by D. H. Lawrence

The sun immense and rosy
Must have sunk and become extinct
The night you closed your eyes for ever against me.

Grey days, and wan, dree dawnings
Since then, with fritter of flowers
Day wearies me with its ostentation and fawnings.

Still, you left me the nights,
The great dark glittery window,
The bubble hemming this empty existence with lights.

Still in the vast hollow
Like a breath in a bubble spinning
Brushing the stars, goes my soul, that skims the bounds like a swallow?

I can look through
The film of the bubble night, to where you are.
Through the film I can almost touch you.

33. The Captive Dove
by Anne Bront

Poor restless dove, I pity thee;
And when I hear thy plaintive moan,
I mourn for thy captivity,
And in thy woes forget mine own.

To see thee stand prepared to fly,
And flap those useless wings of thine,
And gaze into the distant sky,
Would melt a harder heart than mine.

In vain—in vain! Thou canst not rise
Thy prison roof confines thee there;
Its slender wires delude thine eyes,
And quench thy longings with despair.

Oh, thou wert made to wander free
In sunny mead and shady grove,
And far beyond the rolling sea,
In distant climes, at will to rove!

Yet, hadst thou but one gentle mate
Thy little drooping heart to cheer,
And share with thee thy captive state,
Thou couldst be happy even there.

Yes, even there, if, listening by,
One faithful dear companion stood,

While gazing on her full bright eye,
Thou might'st forget thy native wood.

But thou, poor solitary dove,
Must make, unheard, thy joyless moan;
The heart that Nature formed to love
Must pine, neglected, and alone.

34. **The Cold Heaven by W. B. Yeats**

Suddenly I saw the cold and rook-delighting heaven
That seemed as though ice burned and was but the more ice,
And thereupon imagination and heart were driven
So wild that every casual thought of that and this
Vanished, and left but memories, that should be out of season
With the hot blood of youth, of love crossed long ago;
And I took all the blame out of all sense and reason,
Until I cried and trembled and rocked to and fro,
Riddled with light. Ah! when the ghost begins to quicken,
Confusion of the death-bed over, is it sent
Out naked on the roads, as the books say, and stricken
By the injustice of the skies for punishment?

35. Appeal
by Anne Bront

Oh, I am very weary,
    Though tears no longer flow;
My eyes are tired of weeping,
    My heart is sick of woe;

My life is very lonely,
    My days pass heavily,
I'm weary of repining;
    Wilt thou not come to me?

Oh, didst thou know my longings
    For thee, from day to day,
My hopes, so often blighted,
    Thou wouldst not thus delay!

36. Miracles
by Walt Whitman

Why, who makes much of a miracle?
As to me I know of nothing else but miracles,
Whether I walk the streets of Manhattan,
Or dart my sight over the roofs of houses toward the sky,
Or wade with naked feet along the beach just in the edge of the
        water,
Or stand under trees in the woods,
Or talk by day with any one I love, or sleep in the bed at night

with any one I love,
Or sit at table at dinner with the rest,
Or look at strangers opposite me riding in the car,
Or watch honey-bees busy around the hive of a summer
forenoon,
Or animals feeding in the fields,
Or birds, or the wonderfulncss of inscets in thc air,
Or the wonderfulness of the sundown, or of stars shining so
quiet and bright,
Or the exquisite delicate thin curve of the new moon in spring;
These with the rest, one and all, are to me miracles,
The whole referring, yet each distinct and in its place.

To me every hour of the light and dark is a miracle,
Every cubic inch of space is a miracle,
Every square yard of the surface of the earth is spread with the
same,
Every foot of the interior swarms with the same.

To me the sea is a continual miracle,
The fishes that swim—the rocks—the motion of the waves—the
ships with men in them,
What stranger miracles are there?

37. The Soul unto itself
by Emily Dickinson

The Soul unto itself
Is an imperial friend

Or the most agonizing Spy
An Enemy could send

Secure against its own
No treason it can fear
Itself its Sovereign of itself
The Soul should stand in Awe

38. It might be lonelier
by Emily Dickinson

It might be lonelier
Without the Loneliness—
I'm so accustomed to my Fate—
Perhaps the Other—Peace—

Would interrupt the Dark—
And crowd the little Room—
Too scant—by Cubits—to contain
The Sacrament—of Him—

I am not used to Hope—
It might intrude upon—
Its sweet parade—blaspheme the place—
Ordained to Suffering—

It might be easier
To fail—with Land in Sight—
Than gain—My Blue Peninsula—
To perish—of Delight—

39. The World Is Too Much With Us
by William Wordsworth

The world is too much with us; late and soon,
Getting and spending, we lay waste our powers;—
Little we see in Nature that is ours;
Wc havc givcn our hearts away, a sordid boon!
This Sea that bares her bosom to the moon;
The winds that will be howling at all hours,
And are up-gathered now like sleeping flowers;
For this, for everything, we are out of tune;
It moves us not. Great God! I'd rather be
A Pagan suckled in a creed outworn;
So might I, standing on this pleasant lea,
Have glimpses that would make me less forlorn;
Have sight of Proteus rising from the sea;
Or hear old Triton blow his wreath d horn.

40. A Better Resurrection
by Christina Rossetti

I have no wit, no words, no tears;
My heart within me like a stone
Is numb'd too much for hopes or fears;
Look right, look left, I dwell alone;
I lift mine eyes, but dimm'd with grief
No everlasting hills I see;
My life is in the falling leaf:
O Jesus, quicken me.

My life is like a faded leaf,
My harvest dwindled to a husk:
Truly my life is void and brief
And tedious in the barren dusk;
My life is like a frozen thing,
No bud nor greenness can I see:
Yet rise it shall—the sap of Spring;
O Jesus, rise in me.

My life is like a broken bowl,
A broken bowl that cannot hold
One drop of water for my soul
Or cordial in the searching cold;
Cast in the fire the perish'd thing;
Melt and remould it, till it be
A royal cup for Him, my King:
O Jesus, drink of me.

41. **Harlem**
By Langston Hughes

What happens to a dream deferred?

Does it dry up
like a raisin in the sun?
Or fester like a sore—
And then run?
Does it stink like rotten meat?
Or crust and sugar over—

like a syrupy sweet?

Maybe it just sags
like a heavy load.

Or does it explode?

42. **Birches**
by Robert Frost

When I see birches bend to left and right
Across the lines of straighter darker trees,
I like to think some boy's been swinging them.
But swinging doesn't bend them down to stay
As ice-storms do. Often you must have seen them
Loaded with ice a sunny winter morning
After a rain. They click upon themselves
As the breeze rises, and turn many-colored
As the stir cracks and crazes their enamel.
Soon the sun's warmth makes them shed crystal shells
Shattering and avalanching on the snow-crust--
Such heaps of broken glass to sweep away
You'd think the inner dome of heaven had fallen.
They are dragged to the withered bracken by the load,
And they seem not to break; though once they are bowed
So low for long, they never right themselves:
You may see their trunks arching in the woods
Years afterwards, trailing their leaves on the ground
Like girls on hands and knees that throw their hair

Before them over their heads to dry in the sun.
But I was going to say when Truth broke in
With all her matter-of-fact about the ice-storm
I should prefer to have some boy bend them
As he went out and in to fetch the cows--
Some boy too far from town to learn baseball,
Whose only play was what he found himself,
Summer or winter, and could play alone.
One by one he subdued his father's trees
By riding them down over and over again
Until he took the stiffness out of them,
And not one but hung limp, not one was left
For him to conquer. He learned all there was
To learn about not launching out too soon
And so not carrying the tree away
Clear to the ground. He always kept his poise
To the top branches, climbing carefully
With the same pains you use to fill a cup
Up to the brim, and even above the brim.
Then he flung outward, feet first, with a swish,
Kicking his way down through the air to the ground.
So was I once myself a swinger of birches.
And so I dream of going back to be.
It's when I'm weary of considerations,
And life is too much like a pathless wood
Where your face burns and tickles with the cobwebs
Broken across it, and one eye is weeping
From a twig's having lashed across it open.
I'd like to get away from earth awhile
And then come back to it and begin over.

May no fate willfully misunderstand me
And half grant what I wish and snatch me away
Not to return. Earth's the right place for love:
I don't know where it's likely to go better.
I'd like to go by climbing a birch tree,
And climb black branches up a snow-white trunk
Toward heaven, till the tree could bear no more,
But dipped its top and set me down again.
That would be good both going and coming back.
One could do worse than be a swinger of birches.

43. **Hamlet's Soliloquy**
by William Shakespeare

HAMLET: To be, or not to be- that is the question:
Whether 'tis nobler in the mind to suffer
The slings and arrows of outrageous fortune
Or to take arms against a sea of troubles,
And by opposing end them. To die- to sleep-
No more; and by a sleep to say we end
The heartache, and the thousand natural shocks
That flesh is heir to. 'Tis a consummation
Devoutly to be wish'd. To die- to sleep.
To sleep- perchance to dream: ay, there's the rub!

44. **The Human Seasons**
By John Keats

Four Seasons fill the measure of the year;
　　There are four seasons in the mind of man:
He has his lusty Spring, when fancy clear
　　Takes in all beauty with an easy span:
He has his Summer, when luxuriously
　　Spring's honied cud of youthful thought he loves
To ruminate, and by such dreaming high
　　Is nearest unto heaven: quiet coves
His soul has in its Autumn, when his wings
　　He furleth close; contented so to look
On mists in idleness—to let fair things
　　Pass by unheeded as a threshold brook.
He has his Winter too of pale misfeature,
Or else he would forego his mortal nature.

45. **The Simplon Pass**
by William Wordsworth

　　　—Brook and road
Were fellow-travellers in this gloomy Pass,
And with them did we journey several hours
At a slow step. The immeasurable height
Of woods decaying, never to be decayed,
The stationary blasts of waterfalls,
And in the narrow rent, at every turn,
Winds thwarting winds bewildered and forlorn,

The torrents shooting from the clear blue sky,
The rocks that muttered close upon our ears,
Black drizzling crags that spake by the wayside
As if a voice were in them, the sick sight
And giddy prospect of the raving stream,
The unfettered clouds and region of the heavens,
Tumult and peace, the darkness and the light—
Were all like workings of one mind, the features
Of the same face, blossoms upon one tree,
Characters of the great Apocalypse,
The types and symbols of Eternity,
Of first and last, and midst, and without end.

46. **The Solitary Reaper**
by William Wordsworth

Behold her, single in the field,
Yon solitary Highland Lass!
Reaping and singing by herself;
Stop here, or gently pass!
Alone she cuts and binds the grain,
And sings a melancholy strain;
O listen! for the Vale profound
Is overflowing with the sound.

No Nightingale did ever chaunt
More welcome notes to weary bands
Of travellers in some shady haunt,
Among Arabian sands:

A voice so thrilling ne'er was heard
In spring-time from the Cuckoo-bird,
Breaking the silence of the seas
Among the farthest Hebrides.

Will no one tell me what she sings?—
Perhaps the plaintive numbers flow
For old, unhappy, far-off things,
And battles long ago:
Or is it some more humble lay,
Familiar matter of to-day?
Some natural sorrow, loss, or pain,
That has been, and may be again?
Whate'er the theme, the Maiden sang
As if her song could have no ending;
I saw her singing at her work,
And o'er the sickle bending;—
I listened, motionless and still;
And, as I mounted up the hill,
The music in my heart I bore,
Long after it was heard no more.

47. The Tables Turned
by William Wordsworth

Up! up! my Friend, and quit your books;
Or surely you'll grow double:
Up! up! my Friend, and clear your looks;
Why all this toil and trouble?

The sun above the mountain's head,
A freshening lustre mellow
Through all the long green fields has spread,
His first sweet evening yellow.

Books! 'tis a dull and endless strife:
Come, hear the woodland linnet,
How sweet his music! on my life,
There's more of wisdom in it.

And hark! how blithe the throstle sings!
He, too, is no mean preacher:
Come forth into the light of things,
Let Nature be your teacher.

She has a world of ready wealth,
Our minds and hearts to bless—
Spontaneous wisdom breathed by health,
Truth breathed by cheerfulness.

One impulse from a vernal wood
May teach you more of man,
Of moral evil and of good,
Than all the sages can.

Sweet is the lore which Nature brings;
Our meddling intellect
Mis-shapes the beauteous forms of things:—
We murder to dissect.

Enough of Science and of Art;
Close up those barren leaves;
Come forth, and bring with you a heart
That watches and receives.

48. Amor Mundi
by Christina Rossetti

"Oh where are you going with your love-locks flowing
On the west wind blowing along this valley track?"
"The downhill path is easy, come with me an it please ye,
We shall escape the uphill by never turning back."
So they two went together in glowing August weather,
The honey-breathing heather lay to their left and right;
And dear she was to dote on, her swift feet seemed to float on
The air like soft twin pigeons too sportive to alight.

"Oh what is that in heaven where gray cloud-flakes are seven,
Where blackest clouds hang riven just at the rainy skirt?"
"Oh that's a meteor sent us, a message dumb, portentous,
An undeciphered solemn signal of help or hurt."
"Oh what is that glides quickly where velvet flowers grow thickly,
Their scent comes rich and sickly?"—"A scaled and hooded worm."

"Oh what's that in the hollow, so pale I quake to follow?"
"Oh that's a thin dead body which waits the eternal term."
"Turn again, O my sweetest,—turn again, false and fleetest:
This beaten way thou beatest I fear is hell's own track."
"Nay, too steep for hill-mounting; nay, too late for cost-counting:

This downhill path is easy, but there's no turning back."

49. **Sonnet** 116
by William Shakespeare

Let me not to the marriage of truc minds
 Admit impediments, love is not love
 Which alters when it alteration finds,
 Or bends with the remover to remove.
O no, it is an ever-fixed mark
 That looks on tempests and is never shaken;
 It is the star to every wand'ring bark,
 Whose worth's unknown, although his height be taken.
Love's not Time's fool, though rosy lips and cheeks
 Within his bending sickle's compass come,
 Love alters not with his brief hours and weeks,
 But bears it out even to the edge of doom:
If this be error and upon me proved,
 I never writ, nor no man ever loved.

50. **I taste a liquor never brewed**
by Emily Dickinson

I taste a liquor never brewed
From Tankards scooped in Pearl
Not all the Frankfort Berries
Yield such an Alcohol!

Inebriate of air am I
And Debauchee of Dew
Reeling thro' endless summer days
From inns of molten Blue

When "Landlords" turn the drunken Bee
Out of the Foxglove's door
When Butterflies renounce their "drams"
I shall but drink the more!

Till Seraphs swing their snowy Hats
And Saints to windows run
To see the little Tippler
Leaning against the Sun!

51. Success is counted sweetest
by Emily Dickinson

Success is counted sweetest
By those who ne'er succeed.
To comprehend a nectar
Requires sorest need.

Not one of all the purple Host
Who took the Flag today
Can tell the definition
So clear of victory

As he defeated dying

On whose forbidden ear
The distant strains of triumph
Burst agonized and clear!

52. I felt a Funeral, in my Brain
by Emily Dickinson

I felt a Funeral, in my Brain,
And Mourners to and fro
Kept treading - treading - till it seemed
That Sense was breaking through -

And when they all were seated,
A Service, like a Drum -
Kept beating - beating - till I thought
My mind was going numb -

And then I heard them lift a Box
And creak across my Soul
With those same Boots of Lead, again,
Then Space - began to toll,

As all the Heavens were a Bell,
And Being, but an Ear,
And I, and Silence, some strange Race,
Wrecked, solitary, here -

And then a Plank in Reason, broke,
And I dropped down, and down -

And hit a World, at every plunge,
And Finished knowing - then -

53. “Hope” is the thing with feathers by Emily Dickinson

“Hope” is the thing with feathers -
That perches in the soul -
And sings the tune without the words -
And never stops - at all -

And sweetest - in the Gale - is heard -
And sore must be the storm
That could abash the little Bird
That kept so many warm -

I’ve heard it in the chillest land -
And on the strangest Sea -
Yet - never - in Extremity,
It asked a crumb - of me.

54. Because I could not stop for Death by Emily Dickinson

Because I could not stop for Death
He kindly stopped for me
The Carriage held but just Ourselves
And Immortality.

We slowly drove He knew no haste
And I had put away
My labor and my leisure too,
For His Civility
We passed the School, where Children strove
At Recess in the Ring
We passed the Fields of Gazing Grain
We passed the Setting Sun

Or rather He passed Us
The Dews drew quivering and Chill
For only Gossamer, my Gown
My Tippet only Tulle

We paused before a House that seemed
A Swelling of the Ground
The Roof was scarcely visible
The Cornice in the Ground
Since then 'tis Centuries and yet
Feels shorter than the Day
I first surmised the Horses' Heads
Were toward Eternity

55. **Tell all the truth but tell it slant by Emily Dickinson**

Tell all the truth but tell it slant —
Success in Circuit lies
Too bright for our infirm Delight

The Truth's superb surprise

As Lightning to the Children eased
With explanation kind
The Truth must dazzle gradually
Or every man be blind —

56. **O Captain! My Captain!**
by Walt Whitman

O Captain! my Captain! our fearful trip is done, The ship has weather'd every rack,
the prize we sought is won, The port is near, the bells I hear, the people all exulting,
While follow eyes the steady keel, the vessel grim and daring;
But O heart! heart! heart!
O the bleeding drops of red, Where on the deck my Captain lies, Fallen cold and dead.
O Captain! my Captain! rise up and hear the bells; Rise up- for you the flag is flung- for you the bugle trills,

For you bouquets and ribbon'd wreaths- for you the shores a-crowding,
For you they call, the swaying mass, their eager faces turning;
Here Captain! dear father!
This arm beneath your head!
It is some dream that on the deck,
You've fallen cold and dead.

My Captain does not answer, his lips are pale and still,
My father does not feel my arm, he has no pulse nor will,
The ship is anchor'd safe and sound, its voyage closed and done,
From fearful trip the victor ship comes in with object won;
Exult O shores, and ring O bells!
But I with mournful tread,
Walk the deck my Captain lies,
Fallen cold and dead.

57. A Noiseless Patient Spider
by Walt Whitman

A noiseless patient spider,
I mark'd where on a little promontory it stood isolated,
Mark'd how to explore the vacant vast surrounding,
It launch'd forth filament, filament, filament, out of itself,
Ever unreeling them, ever tirelessly speeding them.

And you O my soul where you stand,
Surrounded, detached, in measureless oceans of space,
Ceaselessly musing, venturing, throwing, seeking the spheres to connect them,
Till the bridge you will need be form'd, till the ductile anchor hold,
Till the gossamer thread you fling catch somewhere, O my soul.

58. Song of Myself
by Walt Whitman

1.
I Celebrate myself, and sing myself,
And what I assume you shall assume,
For every atom belonging to me as good belongs to you.

I loafe and invite my soul,
I lean and loafe at my ease observing a spear of summer grass.

My tongue, every atom of my blood, form'd from this soil, this air,
Born here of parents born here from parents the same, and their parents the same,
I, now thirty-seven years old in perfect health begin,
Hoping to cease not till death.

Creeds and schools in abeyance,
Retiring back a while sufficed at what they are, but never forgotten,
I harbor for good or bad, I permit to speak at every hazard,
Nature without check with original energy.

59. To Autumn
by John Keats

Season of mists and mellow fruitfulness,
  Close bosom-friend of the maturing sun;
Conspiring with him how to load and bless
  With fruit the vines that round the thatch-eves run;
To bend with apples the moss'd cottage-trees,
  And fill all fruit with ripeness to the core;
    To swell the gourd, and plump the hazel shells
  With a sweet kernel; to set budding more,
And still more, later flowers for the bees,
Until they think warm days will never cease,
    For summer has o'er-brimm'd their clammy cells.

Who hath not seen thee oft amid thy store?
  Sometimes whoever seeks abroad may find
Thee sitting careless on a granary floor,
  Thy hair soft-lifted by the winnowing wind;
Or on a half-reap'd furrow sound asleep,
  Drowsed with the fume of poppies, while thy hook
    Spares the next swath and all its twined flowers:
And sometimes like a gleaner thou dost keep
  Steady thy laden head across a brook;
  Or by a cider-press, with patient look,
    Thou watchest the last oozings, hours by hours.

Where are the songs of Spring? Ay, where are they?
  Think not of them, thou hast thy music too,--
While barred clouds bloom the soft-dying day,

And touch the stubble-plains with rosy hue;
Then in a wailful choir the small gnats mourn
Among the river sallows, borne aloft
Or sinking as the light wind lives or dies;
And full-grown lambs loud bleat from hilly bourn;
Hedge-crickets sing; and now with treble soft
The redbreast whistles from a garden-croft,
And gathering swallows twitter in the skies.

60. Preface to a Twenty Volume Suicide Note by Amiri Baraka

Lately, I've become accustomed to the way
The ground opens up and envelopes me
Each time I go out to walk the dog.
Or the broad edged silly music the wind
Makes when I run for a bus...

Things have come to that.

And now, each night I count the stars.
And each night I get the same number.
And when they will not come to be counted,
I count the holes they leave.

Nobody sings anymore.

And then last night I tiptoed up
To my daughter's room and heard her

Talking to someone, and when I opened
The door, there was no one there...
Only she on her knees, peeking into

Her own clasped hands

61. **Song For A Dark Girl**
by Langston Hughes

Way Down South in Dixie
(Break the heart of me)
They hung my black young lover
To a cross roads tree.

Way Down South in Dixie
(Bruised body high in air)
I asked the white Lord Jesus
What was the use of prayer.

Way Down South in Dixie
(Break the heart of me)
Love is a naked shadow
On a gnarled and naked tree.

62. Lost Your Head Blues
sung by Bessie Smith

I was with you, baby, when you didn't have a dime
I was with you, baby, when you didn't have a dime
Now since you got a lot of money, you have thrown a good gal down

Once ain't for always and two ain't for twice
Once ain't for always and two ain't for twice
When you get a good gal, you'd better treat her nice

When you were lonesome, I treated you kind
When you were lonesome, I treated you kind

But since you've got money, it has changed your mind

I'm goin' to leave you, baby, and I ain't goin' to say goodbye
I'm goin' to leave you, baby, and I ain't goin' to say goodbye
But I'll write you a letter and tell you the reason why

Days are lonesome, nights are so long
Days are lonesome, nights are so long
I'm a good gal, but I just been treated wrong

63. Ka'Ba
by Amiri Baraka

"A closed window looks down
on a dirty courtyard, and Black people
call across or scream across or walk across
defying physics in the stream of their will.

Our world is full of sound
Our world is more lovely than anyone's
tho we suffer, and kill each other
and sometimes fail to walk the air.

We are beautiful people
With African imaginations
full of masks and dances and swelling chants
with African eyes, and noses, and arms
tho we sprawl in gray chains in a place
full of winters, when what we want is sun.

We have been captured,
and we labor to make our getaway, into
the ancient image; into a new

Correspondence with ourselves
and our Black family. We need magic
now we need the spells, to raise up
return, destroy, and create. What will be

the sacred word?

64. **Sonnet** 71
by William Shakespeare

No longer mourn for me when I am dead
Than you shall hear the surly sullen bell
Give warning to the world that I am fled
From this vile world with vilest worms to dwell:
Nay, if you read this line, remember not
The hand that writ it, for I love you so,
That I in your sweet thoughts would be forgot,
If thinking on me then should make you woe.
O! if, I say, you look upon this verse,
When I perhaps compounded am with clay,
Do not so much as my poor name rehearse;
But let your love even with my life decay;
  Lest the wise world should look into your moan,
  And mock you with me after I am gone.

65. **No Coward Soul Is Mine**
by Emily Bronte

No coward soul is mine,
No trembler in the world's storm-troubled sphere:
I see Heaven's glories shine,
And faith shines equal, arming me from Fear.

O God within my breast,
Almighty, ever-present Deity!
Life - that in me hast rest,

As I - Undying Life- have power in Thee!

Vain are the thousand creeds
That move men's hearts, unutterably vain;
Worthless as withered weeds
Or idlest froth amid the boundless main,

To waken doubt in one
Holding so fast by Thine infinity;
So surely anchored on
The steadfast rock of immortality.

With wide-embracing love
Thy Spirit animates eternal years,
Pervades and broods above,
Changes, sustains, dissolves, creates and rears

Though Earth and moon were gone,
And suns and universes ceased to be,
And Thou wert left alone,
Every Existence would exist in Thee.

There is not room for Death,
Nor atom that his might could render void:
Thou - Thou art Being and Breath,
And what Thou art may never be destroyed.

66. The night is darkening round me
By Emily Bront

The night is darkening round me,
The wild winds coldly blow;
But a tyrant spell has bound me,
And I cannot, cannot go.

The giant trees are bending
Their bare boughs weighed with snow;
The storm is fast descending,
And yet I cannot go.

Clouds beyond clouds above me,
Wastes beyond wastes below;
But nothing drear can move me;
I will not, cannot go.

67. She dried her tears and they did smile
by Emily Bronte

She dried her tears and they did smile
To see her cheeks' returning glow
How little dreaming all the while
That full heart throbbed to overflow

With that sweet look and lively tone
And bright eye shining all the day
They could not guess at midnight lone
How she would weep the time away

68. **Riches I hold in light esteem**
By Emily Bronte

Riches I hold in light esteem
And Love I laugh to scorn
And lust of Fame was but a dream
That vanished with the morn
And if I pray, the only prayer
That moves my lips for me
Is'Leave the heart that now I bear
And give me liberty.'

Yes, as my swift days near their goal
'Tis all that I implore
Through life and death, a chainless soul
With courage to endure!

69. **After Death**
by Christina Rossetti

The curtains were half drawn, the floor was swept
And strewn with rushes, rosemary and may
Lay thick upon the bed on which I lay,
Where through the lattice ivy-shadows crept.
He leaned above me, thinking that I slept
And could not hear him; but I heard him say,
'Poor child, poor child': and as he turned away
Came a deep silence, and I knew he wept.
He did not touch the shroud, or raise the fold

That hid my face, or take my hand in his,
Or ruffle the smooth pillows for my head:
He did not love me living; but once dead
He pitied me; and very sweet it is
To know he still is warm though I am cold.

70. **I did not know the Ample Bread by Emily Dickinson**

I did not know the ample Bread-
'Twas so unlike the Crumb
The Birds and I, had often shared
In Nature's-Dining Room-

The Plenty hurt me-'Twas so new-
Myself felt ill-and odd-
As Berry-of a Mountain Bush-
Transplanted-to the Road-

Nor was I hungry-so I found
That Hunger-was a way
Of Persons outside Windows-
The Entering-takes away-

71. A Slumber Did My Spirit Seal
by William Wordsworth

A slumber did my spirit seal;
   I had no human fears:
She seemed a thing that could not feel
   The touch of earthly years.

No motion has she now, no force;
   She neither hears nor sees;
Rolled round in earth's diurnal course,
   With rocks, and stones, and trees.

72. Soul's Beauty
by Dante G. Rosetti

Under the arch of Life, where love and death,
Terror and mystery, guard her shrine, I saw
Beauty enthroned; and though her gaze struck awe,
I drew it in as simply as my breath.
Hers are the eyes which, over and beneath,
The sky and sea bend on thee,—which can draw,
By sea or sky or woman, to one law,
The allotted bondman of her palm and wreath.

This is that Lady Beauty, in whose praise
Thy voice and hand shake still,—long known to thee
By flying hair and fluttering hem,—the beat
Following her daily of thy heart and feet,

How passionately and irretrievably,
In what fond flight, how many ways and days!

73. The Dreamer
by Paul Laurence Dunbar

Temples he built and palaces of air,
  And, with the artist's parent-pride aglow,
  His fancy saw his vague ideals grow
Into creations marvelously fair;
He set his foot upon Fame's nether stair.
  But ah, his dream,—it had entranced him so
  He could not move. He could no farther go;
But paused in joy that he was even there!

He did not wake until one day there gleamed
  Thro' his dark consciousness a light that racked
His being till he rose, alert to act.
But lo! What he had dreamed, the while he dreamed,
  Another, wedding action unto thought,
  Into the living, pulsing world had brought.

74. If—
by Rudyard Kipling

If you can keep your head when all about you
Are losing theirs and blaming it on you;
If you can trust yourself when all men doubt you,
But make allowance for their doubting too;
If you can wait and not be tired by waiting,
Or, being lied about, don't deal in lies,
Or, being hated, don't give way to hating,
And yet don't look too good, nor talk too wise;

If you can dream—and not make dreams your master;
If you can think—and not make thoughts your aim;
If you can meet with triumph and disaster
And treat those two impostors just the same;
If you can bear to hear the truth you've spoken
Twisted by knaves to make a trap for fools,
Or watch the things you gave your life to broken,
And stoop and build 'em up with wornout tools;

If you can make one heap of all your winnings
And risk it on one turn of pitch-and-toss,
And lose, and start again at your beginnings
And never breathe a word about your loss;
If you can force your heart and nerve and sinew
To serve your turn long after they are gone,
And so hold on when there is nothing in you
Except the Will which says to them: "Hold on";

If you can talk with crowds and keep your virtue,
  Or walk with kings—nor lose the common touch;
If neither foes nor loving friends can hurt you;
  If all men count with you, but none too much;
If you can fill the unforgiving minute
With sixty seconds' worth of distance run—
  Yours is the Earth and everything that's in it,
And—which is more—you'll be a Man, my son!

75. The Prophet
by D. H. Lawrence

Ah, my darling, when over the purple horizon shall loom
The shrouded mother of a new idea, men hide their faces,
Cry out and fend her off, as she seeks her procreant groom,
Wounding themselves against her, denying her fecund embraces.

76. Julius Caesar, Act III, Scene II
by William Shakespeare

[Antony speaks at Caesar's funeral]

Friends, Romans, countrymen, lend me your ears.
I have come to bury Caesar, not to praise him.
The evil that men do lives after them;
The good is oft interr d with their bones.
So let it be with Caesar. The noble Brutus

Hath told you Caesar was ambitious.
If it were so, it was a grievous fault,
And grievously hath Caesar answered it.
Here, under leave of Brutus and the rest
(For Brutus is an honorable man;
So are they all, all honorable men),
Come I to speak in Caesar's funeral.
He was my friend, faithful and just to me,
But Brutus says he was ambitious,
And Brutus is an honorable man.
He hath brought many captives home to Rome,
Whose ransoms did the general coffers fill.
Did this in Caesar seem ambitious?
When that the poor have cried, Caesar hath wept;
Ambition should be made of sterner stuff.
Yet Brutus says he was ambitious,
And Brutus is an honorable man.
You all did see that on the Lupercal
I thrice presented him a kingly crown,
Which he did thrice refuse. Was this ambition?
Yet Brutus says he was ambitious,
And sure he is an honorable man.
I speak not to disprove what Brutus spoke,
But here I am to speak what I do know.
You all did love him once, not without cause.
What cause withholds you, then, to mourn for him?—
O judgment, thou art fled to brutish beasts,
And men have lost their reason!—Bear with me;
My heart is in the coffin there with Caesar,
And I must pause till it come back to me.

77. Azure and Gold
by Amy Lowell

April had covered the hills
With flickering yellows and reds,
The sparkle and coolness of snow
Was blown from the mountain beds.

Across a deep-sunken stream
The pink of blossoming trees,
And from windless appleblooms
The humming of many bees.

The air was of rose and gold
Arabesqued with the song of birds
Who, swinging unseen under leaves,
Made music more eager than words.

Of a sudden, aslant the road,
A brightness to dazzle and stun,
A glint of the bluest blue,
A flash from a sapphire sun.

Blue-birds so blue, 't was a dream,
An impossible, unconceived hue,
The high sky of summer dropped down
Some rapturous ocean to woo.

Such a colour, such infinite light!
The heart of a fabulous gem,

Many-faceted, brilliant and rare.
Centre Stone of the earth's diadem!

. . . . .

Centre Stone of the Crown of the World,
"Sincerity" graved on your youth!
And your eyes hold the blue-bird flash,
The sapphire shaft, which is truth.

78. **Market Day**
by Amy Lowell

White, glittering sunlight fills the market square,
Spotted and sprigged with shadows. Double rows
Of bartering booths spread out their tempting shows
Of globed and golden fruit, the morning air
Smells sweet with ripeness, on the pavement there
A wicker basket gapes and overflows
Spilling out cool, blue plums. The market glows,
And flaunts, and clatters in its busy care.
A stately minster at the northern side
Lifts its twin spires to the distant sky,
Pinnacled, carved and buttressed; through the wide
Arched doorway peals an organ, suddenly —
Crashing, triumphant in its pregnant tide,
Quenching the square in vibrant harmony.

79. **Sonnet**
by Alice Dunbar-Nelson

I had no thought of violets of late,
The wild, shy kind that spring beneath your feet
In wistful April days, when lovers mate
And wander through the fields in raptures sweet.
The thought of violets meant florists' shops,
And bows and pins, and perfumed papers fine;
And garish lights, and mincing little fops
And cabarets and songs, and deadening wine.
So far from sweet real things my thoughts had strayed,
I had forgot wide fields, and clear brown streams;
The perfect loveliness that God has made,—
Wild violets shy and Heaven-mounting dreams.
And now—unwittingly, you've made me dream
Of violets, and my soul's forgotten gleam.

80. **Prayer at Sunrise**
by James Weldon Johnson

Now thou art risen, and thy day begun.
How shrink the shrouding mists before thy face,
As up thou spring'st to thy diurnal race!
How darkness chases darkness to the west,
As shades of light on light rise radiant from thy crest!
For thee, great source of strength, emblem of might,
In hours of darkest gloom there is no night.
Thou shinest on though clouds hide thee from sight,

And through each break thou sendest down thy light.

O greater Maker of this Thy great sun,
Give me the strength this one day's race to run,
Fill me with light, fill me with sun-like strength,
Fill me with joy to rob the day its length.
Light from within, light that will outward shine,
Strength to make strong some weaker heart than mine,
Joy to make glad each soul that feels its touch;
Great Father of the sun, I ask this much.

81. **Prayer at Sunrise**
by James Weldon Johnson

Now thou art risen, and thy day begun.
How shrink the shrouding mists before thy face,
As up thou spring'st to thy diurnal race!
How darkness chases darkness to the west,
As shades of light on light rise radiant from thy crest!
For thee, great source of strength, emblem of might,
In hours of darkest gloom there is no night.
Thou shinest on though clouds hide thee from sight,
And through each break thou sendest down thy light.

O greater Maker of this Thy great sun,
Give me the strength this one day's race to run,
Fill me with light, fill me with sun-like strength,
Fill me with joy to rob the day its length.
Light from within, light that will outward shine,

Strength to make strong some weaker heart than mine,
Joy to make glad each soul that feels its touch;
Great Father of the sun, I ask this much.

82. **Dreams**
by Langston Hughes

Hold fast to dreams
For if dreams die
Life is a broken-winged bird
That cannot fly.

Hold fast to dreams
For when dreams go
Life is a barren field
Frozen with snow.

83. **To the Virgins, to Make Much of Time**
by Robert Herrick

Gather ye rosebuds while ye may,
   Old Time is still a-flying;
And this same flower that smiles today
   Tomorrow will be dying.

The glorious lamp of heaven, the sun,
   The higher he's a-getting,
The sooner will his race be run,

And nearer he's to setting.

That age is best which is the first,
When youth and blood are warmer;
But being spent, the worse, and worst
Times still succeed the former.

Then be not coy, but use your time,
And while ye may, go marry;
For having lost but once your prime,
You may forever tarry.

84. A Prayer in Spring
by Robert Frost

Oh, give us pleasure in the flowers to-day;
And give us not to think so far away
As the uncertain harvest; keep us here
All simply in the springing of the year.

Oh, give us pleasure in the orchard white,
Like nothing else by day, like ghosts by night;
And make us happy in the happy bees,
The swarm dilating round the perfect trees.

And make us happy in the darting bird
That suddenly above the bees is heard,
The meteor that thrusts in with needle bill,
And off a blossom in mid air stands still.

For this is love and nothing else is love,
The which it is reserved for God above
To sanctify to what far ends He will,
But which it only needs that we fulfil.

85. Dream Variations
by Langston Hughes

To fling my arms wide
In some place of the sun,
To whirl and to dance
Till the white day is done.
Then rest at cool evening
Beneath a tall tree
While night comes on gently,
  Dark like me—
That is my dream!

To fling my arms wide
In the face of the sun,
Dance! Whirl! Whirl!
Till the quick day is done.
Rest at pale evening . . .
A tall, slim tree . . .
Night coming tenderly
  Black like me.

86. I felt a Funeral, in my Brain
by Emily Dickinson

I felt a Funeral, in my Brain,
And Mourners to and fro
Kept treading treading till it seemed
That Sense was breaking through

And when they all were seated,
A Service, like a Drum
Kept beating beating till I thought
My Mind was going numb

And then I heard them lift a Box
And creak across my Soul
With those same Boots of Lead, again,
Then Space began to toll,

As all the Heavens were a Bell,
And Being, but an Ear,
And I, and Silence, some strange Race
Wrecked, solitary, here

And then a Plank in Reason, broke,
And I dropped down, and down
And hit a World, at every plunge,
And Finished knowing then

87. We never know how high we are
by Emily Dickinson

We never know how high we are
  Till we are called to rise;
And then, if we are true to plan,
  Our statures touch the skies—

The Heroism we recite
  Would be a daily thing,
Did not ourselves the Cubits warp
  For fear to be a King—

88. I'm Nobody! Who are you?
by Emily Dickinson

I'm Nobody! Who are you?
Are you Nobody too?
Then there's a pair of us!
Don't tell! they'd advertise you know!

How dreary to be Somebody!
How public like a Frog
To tell one's name the livelong June
To an admiring Bog!

89. **Song**
by H. D.

You are as gold
as the half-ripe grain
that merges to gold again,
as white as the white rain
that beats through
the half-opened flowers
of the great flower tufts
thick on the black limbs
of an Illyrian apple bough.

Can honey distill such fragrance
As your bright hair—
For your face is as fair as rain,
yet as rain that lies clear
on white honey-comb,
lends radiance to the white wax,
so your hair on your brow
casts light for a shadow.

90. **To My Mother**
by Edgar Allan Poe

Because I feel that, in the Heavens above,
The angels, whispering to one another,
Can find, among their burning terms of love,
None so devotional as that of "Mother,"

Therefore by that dear name I long have called you—
You who are more than mother unto me,
And fill my heart of hearts, where Death installed you
In setting my Virginia's spirit free.
My mother—my own mother, who died early,
Was but the mother of myself; but you
Are mother to the one I loved so dearly,
And thus are dearer than the mother I knew
By that infinity with which my wife
Was dearer to my soul than its soul-life.

91. **To My Mother**
by Christina Rossetti

To-day's your natal day;
  Sweet flowers I bring:
Mother, accept, I pray
  My offering.

And may you happy live,
  And long us bless;
Receiving as you give
  Great happiness.

92. **To My Mother**
by Robert Louis Stevenson

You too, my mother, read my rhymes
For love of unforgotten times,
And you may chance to hear once more
The little feet along the floor.

93. **Rock Me to Sleep**
by Elizabeth Akers Allen

Elizabeth Anne Chase Akers Allen, n e Elizabeth Anne Chase, was born on October 9, 1832, in Strong, Maine. She grew up in Farmington, Maine, where she attended Farmington Academy.

Backward, turn backward, O Time, in your flight,
Make me a child again just for tonight!
Mother, come back from the echoless shore,
Take me again to your heart as of yore;
Kiss from my forehead the furrows of care,
Smooth the few silver threads out of my hair;
Over my slumbers your loving watch keep;—
Rock me to sleep, mother, — rock me to sleep!

Backward, flow backward, O tide of the years!
I am so weary of toil and of tears,—
Toil without recompense, tears all in vain,—
Take them, and give me my childhood again!

I have grown weary of dust and decay,—
Weary of flinging my soul-wealth away;
Weary of sowing for others to reap;—
Rock me to sleep, mother — rock me to sleep!

Tired of the hollow, the base, the untrue,
Mother, O mother, my heart calls for you!
Many a summer the grass has grown green,
Blossomed and faded, our faces between:
Yet, with strong yearning and passionate pain,
Long I tonight for your presence again.
Come from the silence so long and so deep;—
Rock me to sleep, mother, — rock me to sleep!

Over my heart, in the days that are flown,
No love like mother-love ever has shone;
No other worship abides and endures,—
Faithful, unselfish, and patient like yours:
None like a mother can charm away pain
From the sick soul and the world-weary brain.
Slumber's soft calms o'er my heavy lids creep;—
Rock me to sleep, mother, — rock me to sleep!

Come, let your brown hair, just lighted with gold,
Fall on your shoulders again as of old;
Let it drop over my forehead tonight,
Shading my faint eyes away from the light;
For with its sunny-edged shadows once more
Haply will throng the sweet visions of yore;
Lovingly, softly, its bright billows sweep;—

Rock me to sleep, mother, — rock me to sleep!

Mother, dear mother, the years have been long
Since I last listened your lullaby song:
Sing, then, and unto my soul it shall seem
Womanhood's years have been only a dream.
Clasped to your heart in a loving embrace,
With your light lashes just sweeping my face,
Never hereafter to wake or to weep;—
Rock me to sleep, mother, — rock me to sleep!

94. The Women's Litany
by Margaret Widdemer

Let us in through the guarded gate,
Let us in for our pain's sake!
Lips set smiling and face made fair
Still for you through the pain we bare,
We have hid till our hearts were sore
Blacker things than you ever bore:
Let us in through the guarded gate,
Let us in for our pain's sake!

Let us in through the guarded gate,
Let us in for our strength's sake!
Light held high in a strife ne'er through
We have fought for our sons and you,
We have conquered a million years'
Pain and evil and doubt and tears—

Let us in through the guarded gate,
Let us in for our strength's sake!
Let us in through the guarded gate,
Let us in for your own sake!
We have held you within our hand,
Marred or made as we broke or planned,
We have given you life or killed
King or brute as we taught or willed—
Let us in through the guarded gate,
Let us in for your own sake!

Let us in through the guarded gate,
Let us in for the world's sake!
We are blind who must guide your eyes,
We are weak who must help you rise,
All untaught who must teach and mold
Souls of men till the world is old—
Let us in through the guarded gate,
Let us in for the world's sake!

95. A Winter Ride
by Amy Lowell

Who shall declare the joy of the running!
Who shall tell of the pleasures of flight!
Springing and spurning the tufts of wild heather,
Sweeping, wide-winged, through the blue dome of light.
Everything mortal has moments immortal,
Swift and God-gifted, immeasurably bright.

So with the stretch of the white road before me,
Shining snowcrystals rainbowed by the sun,
Fields that are white, stained with long, cool, blue shadows,
Strong with the strength of my horse as we run.
Joy in the touch of the wind and the sunlight!
Joy! With the vigorous earth I am one.

96. **Everyone Sang**
by Siegfried Sassoon

Everyone suddenly burst out singing;
And I was filled with such delight
As prisoned birds must find in freedom
Winging wildly across the white
Orchards and dark green fields; on; on; and out of sight.

Everyone's voice was suddenly lifted,
And beauty came like the setting sun.
My heart was shaken with tears and horror
Drifted away ... O but every one
Was a bird; and the song was wordless; the singing will never be done.

97. **Afternoon on a Hill**
by Edna St. Vincent Millay

I will be the gladdest thing
  Under the sun!
I will touch a hundred flowers
  And not pick one.

I will look at cliffs and clouds
  With quiet eyes,
Watch the wind bow down the grass,
  And the grass rise.

And when lights begin to show
  Up from the town,
I will mark which must be mine,
  And then start down!

98. **The Green Linnet**
By William Wordsworth

Beneath these fruit-tree boughs that shed
Their snow-white blossoms on my head,
With brightest sunshine round me spread
Of spring's unclouded weather,
In this sequestered nook how sweet
To sit upon my orchard-seat!
And birds and flowers once more to greet,
My last year's friends together.

One have I marked, the happiest guest
In all this covert of the blest:
Hail to Thee, far above the rest
In joy of voice and pinion!
Thou, Linnet! in thy green array,
Presiding Spirit here to-day,
Dost lead the revels of the May;
And this is thy dominion.

While birds, and butterflies, and flowers,
Make all one band of paramours,
Thou, ranging up and down the bowers,
Art sole in thy employment:
A Life, a Presence like the Air,
Scattering thy gladness without care,
Too blest with any one to pair;
Thyself thy own enjoyment.

Amid yon tuft of hazel trees,
That twinkle to the gusty breeze,
Behold him perched in ecstasies,
Yet seeming still to hover;
There! where the flutter of his wings
Upon his back and body flings
Shadows and sunny glimmerings,
That cover him all over.

My dazzled sight he oft deceives,
A brother of the dancing leaves;
Then flits, and from the cottage-eaves

Pours forth his song in gushes;
As if by that exulting strain
He mocked and treated with disdain
The voiceless Form he chose to feign,
While fluttering in the bushes.

99. In a Wood
by Thomas Hardy

Pale beech and pine-tree blue,
 Set in one clay,
Bough to bough cannot you
 Bide out your day?
When the rains skim and skip,
Why mar sweet comradeship,
Blighting with poison-drip
 Neighborly spray?

Heart-halt and spirit-lame,
 City-opprest,
Unto this wood I came
 As to a nest;
Dreaming that sylvan peace
Offered the harrowed ease—
Nature a soft release
 From men's unrest.

But, having entered in,
 Great growths and small

Show them to men akin—
Combatants all!
Sycamore shoulders oak,
Bines the slim sapling yoke,
Ivy-spun halters choke
 Elms stout and tall.

Touches from ash, O wych,
 Sting you like scorn!
You, too, brave hollies, twitch
 Sidelong from thorn.
Even the rank poplars bear
Illy a rival's air,
Cankering in black despair
 If overborne.

Since, then, no grace I find
 Taught me of trees,
Turn I back to my kind,
 Worthy as these.
There at least smiles abound,
There discourse trills around,
There, now and then, are found
Life-loyalties.

100. **Will there really be a morning?**
by Emily Dickinson

Will there really be a morning?
Is there such a thing as day?
Could I see it from the mountains
If I were as tall as they?
Has it feet like water-lilies?
Has it feathers like a bird?
Is it brought from famous countries.

101. **When I have Fears That I May Cease to Be**
By John Keats

When I have fears that I may cease to be
Before my pen has gleaned my teeming brain,
Before high-pil d books, in charactery,
Hold like rich garners the full ripened grain;
When I behold, upon the night's starred face,
Huge cloudy symbols of a high romance,
And think that I may never live to trace
Their shadows with the magic hand of chance;
And when I feel, fair creature of an hour,
That I shall never look upon thee more,
Never have relish in the faery power
Of unreflecting love—then on the shore
Of the wide world I stand alone, and think
Till love and fame to nothingness do sink.

102. **Fame is a bee.**
By Emily Dickinson

Fame is a bee.
It has a song—
It has a sting—
Ah, too, it has a wing.

103. **Fame is the one that does not stay**
By Emily Dickinson

Fame is the one that does not stay —
It's occupant must die
Or out of sight of estimate
Ascend incessantly —
Or be that most insolvent thing
A Lightning in the Germ —
Electrical the embryo
But we demand the Flame

104. **After great pain, a formal feeling comes"**
by Emily Dickinson

After great pain, a formal feeling comes -
The Nerves sit ceremonious, like tombs -
The stiff Heart questions "was it He, that bore,
And "Yesterday, or Centuries before"?

The Feet, mechanical, go round -
A Wooden way
Of Ground, or Air, or Ought -
Regardless grown,
A Quartz contentment, like a stone -

This is the Hour of Lead -
Remembered, if outlived,
As Freezing persons, recollect the snow -
First - Chill - then stupor - then the letting go -

105. **A Poison Tree**
By William Blake

I was angry with my friend;
I told my wrath, my wrath did end.
I was angry with my foe:
I told it not, my wrath did grow.

And I water'd it in fears,
Night & morning with my tears:
And I sunned it with smiles,
And with soft deceitful wiles.

And it grew both day and night.
Till it bore an apple bright.
And my foe beheld it shine,
And he knew that it was mine.

And into my garden stole,
When the night had veil'd the pole;
In the morning glad I see;
My foe outstretched beneath the tree.

106. **Design**

Robert Frost

I found a dimpled spider, fat and white,
On a white heal-all, holding up a moth
Like a white piece of rigid satin cloth--
Assorted characters of death and blight
Mixed ready to begin the morning right,
Like the ingredients of a witches' broth--
A snow-drop spider, a flower like a froth,
And dead wings carried like a paper kite.

What had that flower to do with being white,
The wayside blue and innocent heal-all?
What brought the kindred spider to that height,
Then steered the white moth thither in the night?
What but design of darkness to appall?--
If design govern in a thing so small.

107. **Work without Hope**
By Samuel Taylor Coleridge

(Lines Composed 21st February 1825)

All Nature seems at work. Slugs leave their lair—
The bees are stirring—birds are on the wing—
And Winter slumbering in the open air,
Wears on his smiling face a dream of Spring!
And I the while, the sole unbusy thing,
Nor honey make, nor pair, nor build, nor sing.

Yet well I ken the banks where amaranths blow,
Have traced the fount whence streams of nectar flow.
Bloom, O ye amaranths! bloom for whom ye may,
For me ye bloom not! Glide, rich streams, away!
With lips unbrightened, wreathless brow, I stroll:
And would you learn the spells that drowse my soul?
Work without Hope draws nectar in a sieve,
And Hope without an object cannot live.

108. **Holy Sonnets: Batter my heart, three-person'd God**
By John Donne

Batter my heart, three-person'd God, for you
As yet but knock, breathe, shine, and seek to mend;
That I may rise and stand, o'erthrow me, and bend
Your force to break, blow, burn, and make me new.

I, like an usurp'd town to another due,
Labor to admit you, but oh, to no end;
Reason, your viceroy in me, me should defend,
But is captiv'd, and proves weak or untrue.
Yet dearly I love you, and would be lov'd fain,
But am betroth'd unto your enemy;
Divorce me, untie or break that knot again,
Take me to you, imprison me, for I,
Except you enthrall me, never shall be free,
Nor ever chaste, except you ravish me.

109. **The Human Abstract**
by William Blake

Pity would be no more,
If we did not make somebody Poor:
And Mercy no more could be,
If all were as happy as we;

And mutual fear brings peace;
Till the selfish loves increase.
Then Cruelty knits a snare,
And spreads his baits with care.

He sits down with holy fears,
And waters the ground with tears:
Then Humility takes its root
Underneath his foot.

Soon spreads the dismal shade
Of Mystery over his head;
And the Catterpillar and Fly,
Feed on the Mystery.

And it bears the fruit of Deceit,
Ruddy and sweet to eat;
And the Raven his nest has made
In its thickest shade.

The Gods of the earth and sea
Sought thro' Nature to find this Tree
But their search was all in vain:
There grows one in the Human Brain

110. Ode on Melancholy
By John Keats

No, no, go not to Lethe, neither twist
    Wolf's-bane, tight-rooted, for its poisonous wine;
Nor suffer thy pale forehead to be kiss'd
    By nightshade, ruby grape of Proserpine;
        Make not your rosary of yew-berries,
    Nor let the beetle, nor the death-moth be
        Your mournful Psyche, nor the downy owl
A partner in your sorrow's mysteries;
    For shade to shade will come too drowsily,
        And drown the wakeful anguish of the soul.
But when the melancholy fit shall fall
    Sudden from heaven like a weeping cloud,

That fosters the droop-headed flowers all,
　　And hides the green hill in an April shroud;
Then glut thy sorrow on a morning rose,
　　Or on the rainbow of the salt sand-wave,
　　　　Or on the wealth of globed peonies;
Or if thy mistress some rich anger shows,
　　Emprison her soft hand, and let her rave,
　　　　And feed deep, deep upon her peerless eyes.

She dwells with Beauty—Beauty that must die;
　　And Joy, whose hand is ever at his lips
Bidding adieu; and aching Pleasure nigh,
　　Turning to poison while the bee-mouth sips:
Ay, in the very temple of Delight
　　Veil'd Melancholy has her sovran shrine,
　　　　Though seen of none save him whose strenuous tongue
　　Can burst Joy's grape against his palate fine;
His soul shalt taste the sadness of her might,
　　　　And be among her cloudy trophies hung.

111. Love and Question
by Robert Frost

A stranger came to the door at eve,
　　And he spoke the bridegroom fair.
He bore a green-white stick in his hand,
　　And, for all burden, care.
He asked with the eyes more than the lips

For a shelter for the night,
And he turned and looked at the road afar
Without a window light.

The bridegroom came forth into the porch
With 'Let us look at the sky,
And question what of the night to be,
Stranger, you and I.'
The woodbine leaves littered the yard,
The woodbine berries were blue,
Autumn, yes, winter was in the wind;
'Stranger, I wish I knew.'

Within, the bride in the dusk alone
Bent over the open fire,
Her face rose-red with the glowing coal
And the thought of the heart's desire.

The bridegroom looked at the weary road,
Yet saw but her within,
And wished her heart in a case of gold
And pinned with a silver pin.

The bridegroom thought it little to give
A dole of bread, a purse,
A heartfelt prayer for the poor of God,
Or for the rich a curse;

But whether or not a man was asked
To mar the love of two

By harboring woe in the bridal house,
    The bridegroom wished he knew.

한지희

연세대학교 영어영문학과를 졸업하고 동 대학원에서 석사 학위를 받았으며, 미국 털사대학교 대학원 영어영문학과에서 박사학위를 받았다. 현재 국립경상대학교 영어영문학과에 재직하고 있다. 주요 연구 분야는 현대영미시, 한국문학과 문화, 비교세계문학, 페미니즘, 디지털 인문학이며, 다수의 연구 논문과 연구서를 출판하였다. 최근의 영문 저서로는 『A Companion to Ten Modern Korean Poets』(2015)가 있고, 한글 저서로는 『우리시대 대중문화와 소녀의 계보학』(2015), 『할렘 르네상스: 1920년대 신흑인의 탄생』(2016), 『모성과 모성 경험에 관하여: 아드리안 리치의 삶과 페미니스트 비평의 이해』(2017)가 있다.

지금은 시를 읽을 시간

영시의 이해와 감상

초판 발행 _ 2019년 2월 28일

저　　자 • 한 지 희
발 행 인 • 정 현 걸
발　　행 • 신 아 사
인　　쇄 • 대명프린팅
주　　소 • 서울시 은평구 통일로 59길 4(2F)
전　　화 • 02)382-6411 · 팩스 02)382-6401
홈페이지 • www.shinasa.co.kr
E-MAIL • shinasa@daum.net
출판등록 • 1956년 1월 5일 (제9-52호)

ISBN 978-89-8396-333-8(93840)

정가 14,000원